青森公立大学研究叢書 第13巻

非営利組織会計概念形成論
― FASB 概念フレームワークを中心に ―

池 田 享 誉 著

東京 森山書店 発行

は　し　が　き

　近年，政府，地方自治体，特殊法人，認可法人，民法上の公益法人（宗教法人，医療法人，社会福祉法人，更生保護法人，学校法人を含む），NPO法人，さらには独立行政法人等のいわゆる非営利組織への関心が高まるとともに，その会計にも注目が集まっている。非営利組織の活動は今後さらに盛んになっていくと思われるが，非営利組織が社会に受け入れられ，より大きな役割を果たしていくためには，その会計様式の確立と情報の開示が必要不可欠であると考えられる。しかし，わが国の会計研究においては，これまで企業会計に主眼をおいて発展してきたことから，非営利組織の会計は企業会計に比べて統一的な会計基準が存在していないこと，情報開示規定が不十分なことなどを含めてかなり後れていると言わざるをえない。

　わが国の非営利組織の会計は政府会計，地方自治体会計，公益法人会計そのさらに細分化された宗教法人会計，医療法人会計，社会福祉法人会計，学校法人会計というように個別化され，それぞれに会計基準がある。非営利組織の形態と活動の多様性，法律上の制約からこのようなアプローチはもちろん必要なものであろう。しかし，営利を追求する組織に対比されるものとして非営利組織をとらえ，企業会計と非営利組織会計に共通する普遍的な機能，役割を明らかにしたうえで，その相違性を明らかにすることが両会計の発展にとって，まず必要であろうと思われる。

　ひるがえって，アメリカの会計基準設定過程をみると，そこでは営利組織の会計基準と非営利組織の会計基準が共に視野に収められているのが特徴的である。すなわち，現代会計基準論に大きな影響を与えた『基礎的会計理論』（ASOBAT）では，その意見と勧告は，非営利組織にも同じように適用できると表明されている。また，『財務諸表の目的』（トゥルーブラッド報告書）は，政府機関と非営利組織の財務諸表の目的を含んでいる。さらに，現在のアメリカにお

ける会計基準設定主体である財務会計基準審議会（Financial Accounting Standards Board：FASB）は，営利組織（企業）と非営利組織の両組織にまたがる会計概念フレームワーク（会計概念構造）および会計基準を設定している。FASBが定める非営利会計概念フレームワークおよび非営利会計基準は，多様な非営利組織に共通のフレームワークおよび基準として作成されており，わが国の非営利会計が今後発展していく際に，貴重な示唆を与えてくれるものと考えられる。このFASBの非営利会計概念フレームワークの成立過程を方法論的かつ歴史的に吟味し，FASBの非営利会計諸概念の成立過程を検討することが本書の主要な目的である。

FASBの非営利会計概念フレームワークは，当初，営利会計概念フレームワークとは別個に，分離的概念フレームワークとしてその諸概念の研究が進められていたが，『財務会計諸概念報告書』（Statements of Financial Accounting Concepts：SFAC）第4号『非営利組織の財務報告の諸目的』での提言を契機に，両会計に共通する「統合的概念フレームワーク」作成に転じている。その結果，SFAC第3号『営利企業の財務諸表の構成要素』がSFAC第6号『財務諸表の構成要素』に差し替えられたのは，周知のことである。ところで，この統合的概念フレームワーク作成の試みをどのように評価すべきであろうか。学界では肯定的評価が支配的のようである。しかしながら，営利会計と非営利会計を共に研究対象とすることと，両者の概念フレームワークを統合することとは別である。統合的概念フレームワークを意図した結果，営利・非営利それぞれの会計諸概念のそれぞれの特徴を規定する重要な要素が失われてはいないのだろうか。この統合的概念フレームワークの評価が，本書のもう1つの目的である。

以上のような問題意識に基づいて，まず，SFAC全体を貫く方法論の検討が必要であると考え，SFACにおける2つの主要な方法である「意思決定有用性アプローチ」（decision-usefulness approach）と「資産・負債視角」（asset and liability view）を分析する（第1章「FASB営利組織会計の基礎概念」）。

次に，FASBの会計概念フレームワークの方法論的基礎となっている意思決定有用性アプローチが，非営利会計研究へどのように適用されたのかを明確に

するために，意思決定有用性アプローチに基づく最初の非営利会計研究であるアメリカ会計学会（AAA）の第一次フリーマン委員会報告書を整理し検討する（第2章「意思決定有用性アプローチの導入」）。続けて，第二次フリーマン委員会報告書が「統一情報システム」という新しい概念を提起する論拠を分析し，また，意思決定有用性アプローチにとって不可欠な財務報告利用者の情報ニーズを初めて示した第三次フリーマン委員会報告書について非営利会計の測定問題を中心に検討していく。（第3章「意思決定有用性アプローチの浸透」）。

第4章「FASB非営利会計概念形成の端緒」では，FASBの非営利会計概念フレームワークにおける非営利会計諸概念形成の原点を探るために，FASBによる最初の非営利会計概念研究報告書であるアンソニー報告書を検討し，非営利組織の概念，情報利用者とその情報ニーズ等の識別等を分析する。

第5章「非営利会計概念フレームワーク」では，第4章までの検討を踏まえて，FASBの非営利会計概念フレームワークそれ自体の検討を行う。FASBの非営利会計概念フレームワークは，営利会計概念フレームワークへと統合され，営利・非営利，両会計に共通する統合的会計概念フレームワークとなっている。そこでまず，FASBの非営利会計概念フレームワークプロジェクトの経緯を確認し，SFAC各号の相互関連を整理する。そのうえで，統合的会計概念フレームワーク作成を提起したSFAC第4号における非営利概念を明確にし，財務報告利用者の情報ニーズ特定についてSFAC第1号，アンソニー報告書，政府会計基準審議会（Governmental Accounting Standards Board：GASB）の会計概念フレームワークと対比して分析する。その分析のなかで，SFAC第4号は，営利会計とは異なる非営利会計に固有の諸要素を主要情報として要求せずに，統合的会計概念フレームワーク作成を提起するに至っていることを指摘する。さらに，第4号での統合的会計概念フレームワーク作成の方針を受けて，SFAC第3号を改訂して作成されたSFAC第6号は，非営利会計にとっては不十分な内容となっていることを明らかにしていく。

補論「非営利会計概念の会計基準への展開」では，非営利組織の会計基準のなかで最も基本的なものである会計基準第117号「非営利組織の財務諸表」を

とりあげ，会計基準とFASB非営利会計概念フレームワークの理論的関係を検討する。

本書は，筆者の課程博士論文を書物としてまとめたものであり，こうして本書を出版することが出来たのは，ひとえに学部ゼミナール以来の指導教授である田中章義先生（東京経済大学名誉教授）のお蔭である。田中先生には，長年にわたり常に親身にご指導いただいた，衷心より御礼申し上げたい。また，東京経済大学大学院在籍時から，専門分野について幅広くご教示を頂いている，小野武美先生（東京経済大学教授），久木田重和先生（東京経済大学教授），陣内良昭先生（東京経済大学教授），高山朋子先生（東京経済大学教授），武脇誠先生（東京経済大学教授），町田祥弘先生（青山学院大学大学院教授）の諸先生に，改めて深く感謝申し上げたい。

最後に，出版事情が厳しいなか，本書の出版を快く引き受けてくださった森山書店社長の菅田直文氏，同社編集部長の土屋貞敏氏に心よりお礼申し上げたい。また，本書の刊行に際して，財団法人青森学術文化振興財団から平成19年度の出版助成金が交付されていることを記して感謝の意を表したい。

2007年7月

池田　享誉

目　次

はしがき

第1章　FASB営利組織会計の基礎概念
　　　　　―意思決定有用性アプローチと資産・負債視角―……… 1

第1節　FASB概念フレームワークの概要 ……………………… 1
　第1項　概念フレームワークプロジェクトの経緯と目的……… 1
　第2項　SFAC各号の相互関連と内容的特徴 ………………… 5
　第3項　SFACへの批判的諸見解 ………………………………… 7
第2節　意思決定有用性アプローチの検討……………………… 12
　第1項　SFACの会計目的と概念フレームワークの構成 …… 13
　第2項　トゥルーブラッド報告書とSFAC ……………………… 14
　第3項　目的論的方法の一典型―Littleton『会計理論の構造』―……… 19
　第4項　意思決定有用性アプローチの問題と影響……………… 22
第3節　SFACにおける「資産・負債視角」採用とその限界……… 23
　第1項　意思決定有用性アプローチの財務諸表への浸透……… 23
　第2項　「資産・負債視角」による財務諸表構成要素の変容……… 24
　第3項　「資産・負債視角」による「利益」の計算構造……… 31
第4節　本章のまとめと私見……………………………………… 36

第2章　意思決定有用性アプローチの導入
　　　　　―第一次フリーマン委員会報告書―……………………… 39

第1節　AAAフリーマン委員会報告書の意義 ………………… 39
第2節　3つのフリーマン委員会報告書の相互関連 …………… 40

第3節　第一次フリーマン委員会報告書の特徴 …………………… 42
　第4節　非営利会計の環境 ………………………………………… 45
　　第1項　非営利組織の定義—NFPOとNPOの区別— …………… 45
　　第2項　営利組織との類似点と相違点 …………………………… 47
　　第3項　基金会計— Fund Accounting — ………………………… 48
　　第4項　予算会計の欠陥 …………………………………………… 49
　第5節　発生主義会計の導入—減価償却を中心に— ……………… 51
　　第1項　固定資産会計の問題 ……………………………………… 51
　　第2項　減価償却反対派の論拠 …………………………………… 51
　　第3項　減価償却を支持する論拠 ………………………………… 53
　　第4項　委員会の見解 ……………………………………………… 55
　第6節　原価に基づくデータの必要性 …………………………… 55
　　第1項　原価計算が利用されない理由 …………………………… 55
　　第2項　原価計算の重要性 ………………………………………… 56
　第7節　非営利組織の財務報告 …………………………………… 57
　　第1項　ASOBATの諸基準からみた非営利組織財務報告 ……… 58
　　第2項　財務報告の改善案 ………………………………………… 59
　第8節　本章のまとめと私見 ……………………………………… 60

第3章　意思決定有用性アプローチの浸透
　　　　　　—第二次・第三次フリーマン委員会報告書— ……… 63

　第1節　第二次フリーマン委員会報告書の特徴 ………………… 63
　第2節　事業型活動と行政型活動 ………………………………… 64
　第3節　非営利会計とその報告の役割と範囲 …………………… 66
　第4節　財務管理および会計責任情報に関する4つの論点 …… 68
　　第1項　法的条項とGAAPの優先順位 …………………………… 68
　　第2項　報告書と勘定の一致の必要性 …………………………… 68

第3項	目的適合的な実体とは何か	69
第4項	長期志向データの必要性	70
第5節	経済性・効率性・有効性についての情報	70
第6節	統一情報システム	71
第7節	第三次フリーマン委員会報告書の特徴	73
第8節	Nonprofit組織を検討対象組織とする理由	73
第9節	会計情報の利用者と利用	74
第1項	会計情報の利用者	75
第2項	会計情報の利用	75
第10節	非営利会計における測定問題	77
第1項	測定されるべき経済活動の本質	78
第2項	第三次報告書の時点で行われていた会計測定	79
第3項	第三次報告書時点の会計測定の評価	81
第11節	非営利会計における実体問題	83
第12節	本章のまとめと私見	84

第4章　FASB非営利会計概念形成の端緒
―――アンソニー報告書――― ……………………………87

第1節	アンソニー報告書の意義	87
第1項	アンソニー報告書の位置付け	87
第2項	アンソニー報告書の概要	89
第2節	新しい組織識別アプローチ	90
第1項	Not-For-ProfitとNonprofit	92
第2項	NonprofitとNonbusiness	92
第3項	組織を識別する2つのアプローチ	93
第4項	全組織単一概念説	98
第3節	利用者および利用者情報ニーズの識別	99

第1項　利用者と情報ニーズの特定……………………………………… 99
　　第2項　利用者の情報ニーズの分類……………………………………… 101
　　第3項　目標達成度情報の除外…………………………………………… 101
　第4節　非営利組織に必要な財務諸表…………………………………… 102
　　第1項　財務フロー報告書………………………………………………… 103
　　第2項　業 務 報 告 書…………………………………………………… 107
　　第3項　基金別報告書と総合報告書……………………………………… 114
　第5節　個別問題に関する論争点………………………………………… 116
　第6節　本章のまとめと私見……………………………………………… 116

第5章　非営利会計概念フレームワーク
　　　　　―FASB概念ステートメント第4号および第6号― ……… 119

　第1節　統合的会計概念フレームワークの概要 ………………………… 119
　　第1項　非営利会計概念フレームワークプロジェクトの経緯………… 119
　　第2項　SFAC各号の相互関連…………………………………………… 122
　第2節　統合的フレームワーク提起の論拠―SFAC第4号―…… 123
　　第1項　非営利組織概念の縮小…………………………………………… 123
　　第2項　利用者情報ニーズの特定をめぐって…………………………… 125
　　第3項　情報ニーズと提供すべき情報の対応関係……………………… 130
　　第4項　サービス提供努力と成果の測定
　　　　　　―GASB会計概念フレームワークを参照して― …………… 134
　　第5項　異質な情報ニーズの軽視………………………………………… 140
　第3節　統合的構成要素の形成―SFAC第6号― …………………… 143
　　第1項　非営利概念の変化―NonbusinessからNot-for-Profitへ― … 143
　　第2項　第3号から第6号への変更点…………………………………… 146
　　第3項　提供すべき情報と財務諸表構成要素…………………………… 148
　　第4項　共通構成要素における問題……………………………………… 151

第 4 節　本章のまとめと私見……………………………………… 156

補　論　非営利会計概念の会計基準への展開
　　　　　—FASB 会計基準第 117 号『非営利組織の財務諸表』— …… 161

第 1 節　FAS 第 117 号公表に至るまでの経緯 ……………………… 161
第 2 節　FAS 第 117 号の主な内容 …………………………………… 162
第 3 節　SFAC 第 4 号と第 6 号からの影響 ………………………… 167
　第 1 項　適用対象とする非営利組織 ………………………………… 167
　第 2 項　財政状態報告書 ……………………………………………… 168
　第 3 項　活 動 報 告 書 ………………………………………………… 169
　第 4 項　キャッシュフロー報告書 …………………………………… 171
第 4 節　まとめと私見 …………………………………………………… 171

む　す　び ……………………………………………………………… 173

主 要 参 考 文 献 ……………………………………………………… 177
索　　　引 ……………………………………………………………… 183

略式表記一覧

AAA　American Accounting Association　アメリカ会計学会
AICPA　American Institute of Certified Public Accountants　アメリカ公認会計士協会
ASOBAT　*A Statement of Basic Accounting Theory*　『基礎的会計理論に関するステートメント』
FAS　Financial Accounting Standards　会計基準
FASB　Financial Accounting Standards Board　財務会計基準審議会
GAAP　Generally Accepted Accounting Principles　一般に認められた会計原則
GASB　Governmental Accounting Standards Board　政府会計基準審議会
NCGA　National Committee on Governmental Accounting　全国政府会計委員会
NFPO　Not-for-profit Organization
NPO　Non-profit Organization
SEA　Service Efforts and Accomplishments　サービス提供努力と成果
SEC　Securities and Exchange Commission　証券取引委員会
SFAC　*Statements of Financial Accounting Concepts*　『財務会計諸概念報告書』

第1章

FASB営利組織会計の基礎概念
―意思決定有用性アプローチと資産・負債視角―

　本章では,『財務会計諸概念報告書』(Statements of Financial Accounting Concepts：SFAC)における2つの主要な方法である「意思決定有用性アプローチ」と「資産・負債視角」を分析するが,それに先立って,第1節でFASB「概念フレームワーク」の概要を整理しておきたい。

第1節　FASB概念フレームワークの概要

第1項　概念フレームワークプロジェクトの経緯と目的

　アメリカにおいてこれまでの会計基準設定主体(会計手続委員会Committee on Accounting Procedure,会計原則審議会Accounting Principles Board)が権威を確立することに失敗した理由のひとつとして,証券取引委員会(Securities and Exchange Commission：SEC)や議会から圧力を受け,その場しのぎの「合意主義」に基づいて会計基準を設定してきたことがあげられる。そこから,会計基準設定主体は,財務会計上の問題に関する解決策が他の解決策よりも理論的にも優れていることを示す概念的根拠をもつことが必要であると考えられるに至った。それを作成しようとしたのがFASBの「概念フレームワークプロジェクト」であり,その具体的な研究成果がSFAC『財務会計諸概念報告書』である。

　1974年1月,FASBは,最初の合同専門委員会を開催し[(1)],基本目的から出発し段階的に「概念フレームワーク」を形成すべきであるというアプローチを採択した[(2)]。1974年6月6日に「概念フレームワーク」プロジェクトに関す

る最初の討議資料『会計および報告のための概念フレームワーク―財務諸表の基本目的に関するスタディー・グループ報告書の検討』[3]を公表した。その内容は，『トゥルーブラッド報告書』[4]で示された財務諸表の基本目的について検討を加えたものである。次いで，FASBは1976年12月2日に次の3つの文書を公表した。①『営利企業の財務諸表の諸目的に関する中間報告』[5] ②『概念フレームワークプロジェクトの範囲と意味』[6] ③ 討議資料『財務会計および財務報告のための概念フレームワークに関する論点の分析―財務諸表の構成要素とその測定』[7]。さらに数回にわたる公聴会や寄せられたコメントを検討した後，1977年12月29日，SFACの最初の公開草案『営利企業の財務報告の諸目的および財務諸表の構成要素』[8]が公表され，その後，次のようにSFACが公表された[9]。

（1） FASB, *Public Record : 1974 – Volume VIII : Discussion Memorandum on Conceptual Framework for Accounting and Reporting : Consideration of the Report of the Study Group on the Objectives of Financial Statements* , 1974, FASB, Nov. 15, 1974, pp. 3–4.

（2） *Ibid.*, p. 5.

（3） FASB, *Discussion Memorandum : Conceptual Framework for Accounting and Reporting : Consideration of the Report of the Study Group on the Objectives of Financial Statements*, FASB, June 6, 1974.

（4） AICPA, Study Group on the Objectives of Financial Statements, *Objectives of Financial Statements*, AICPA, 1973.（川口順一訳『アメリカ公認会計士協会 財務諸表の目的』同文舘，1976年）。

（5） FASB, *Tentative Conclusions on Objectives of Financial Statements of Business Enterprises*, FASB, Dec. 2, 1976.

（6） FASB, *Scope and Implications of the Conceptual Framework Project*, FASB, Dec. 2, 1976.

（7） FASB, *Discussion Memorandum : An Analysis of Issues Related to Conceptual Framework for Financial Accounting and Reporting : Elements of Financial Statements and Their Measurement*, FASB, Dec. 2, 1976.

（8） FASB, *Exposure Draft : Proposed Statement of Financial Accounting Concepts : Objectives of Financial Reporting and Elements of Financial Statements of Business Enterprises*, FASB, Dec. 29, 1977.

第1号『営利企業の財務報告の諸目的』1978年11月[10]
第2号『会計情報の質的特徴』1980年5月[11]
第3号『営利企業の財務諸表の構成要素』1980年12月[12]
第4号『非営利組織の財務報告の諸目的』1980年12月[13]
第5号『営利企業の財務諸表における認識と測定』1984年12月[14]
第6号『財務諸表の構成要素—FASB概念ステートメント第3号の改訂』1985年12月[15]
第7号『会計測定におけるキャッシュフロー情報と現在価値の利用』2000年2月[16]

FASBは以上のように，会計基準を設定するための基礎となる概念フレームワークの作成を行ったが，その作成中も具体的な問題に対応するための会計

---

(9) SFACの翻訳としては，森川八洲男監訳『現代アメリカ会計の基礎概念』白桃書房，1988年，および平松一夫 広瀬義州訳『FASB財務会計の諸概念〈増補版〉』中央経済社，2002年がある。

(10) FASB, *Statement of Financial Accounting Concepts No. 1, Objectives of Financial Reporting by Business Enterprises*, FASB, November 1978.

(11) FASB, *Statement of Financial Accounting Concepts No. 2, Qualitative Characteristics of Accounting Information*, FASB, May 1980.

(12) FASB, *Statement of Financial Accounting Concepts No. 3, Elements of Financial Statements of Business Enterprises*, FASB, December 1980.

(13) FASB, *Statement of Financial Accounting Concepts No.4, Objectives of Financial Reporting by Nonbusiness Organizations*, FASB, December 1980.

(14) FASB, *Statement of Financial Accounting Concepts No.5, Recognition and Measurement in Financial Statements of Business Enterprises*, FASB, December 1984.

(15) FASB, *Statement of Financial Accounting Concepts No. 6, Elements of Financial Statements : a replacement of FASB Concepts Statement No. 3（incorporating an amendment of FASB Concepts Statement No. 2）*, FASB, December 1985.

(16) FASB, *Statement of Financial Accounting Concepts No. 7, Using Cash Flow Information and Present Value in Accounting Measurements*, FASB, February 2000.

基準を設定する必要があった。その間には，国会議員による委員会によって次々に経営者の詐欺的行為や不正行為等をチェックする公認会計士の役割の有効性について疑問が出された。1976年のメトカルフ報告（Metcalf report）では，FASBは自らを支える財務会計財団を組織したアメリカ公認会計士協会（American Institute of Certified Public Accountants：AICPA）とその背後にある八大会計事務所により事実上支配されているとされ，SECのFASBへの権限委譲に疑問が提示され，公的統制の強化が主張されている[17]。

このような批判のなかで，公的機関の介入を回避し，FASBの権威を守るという役割をも担った「概念フレームワークプロジェクト」の目的は，① 問題ごとに場当たり的な手法をとることから生じる会計基準間の論理的な非一貫性や矛盾をなくすこと，② 場当たり的手法のために基礎的概念の問題が繰り返し議論されることを防ぎ，③ 問題解決に際して幅の広い会計的視点を提供し，かつ，④ 多くの基本的な用語の意味を明らかにすることであった[18]。また，FASBの手続規約は，SFACは，① 会計基準設定作業においてFASBに指針を与えること，② 従来の会計知識をもってしても解決不可能な問題に取り組んでいる会計実務家に問題解決の指針を与えること，③ 会計についての専門的な知識を持ち合わせていない人々を啓蒙する上でその手助けとなること，という3つの目的のために公表されるとしている[19]。

「概念フレームワーク」とは，FASB『概念フレームワークプロジェクトの範囲と意義』によれば「一貫した会計基準を導き出すと考えられ，かつ財務会計および財務報告の性質，機能および限界を規定する，相互に関連した目的と基本概念（fundamentals）の脈絡ある体系，すなわち一種の『憲法』である」[20]と

---

(17) Previts, G. and Merino, B., *A History of Accounting in America,* 1979, pp. 318-320.（大野功一他訳『プレヴィッツ＝メリノ アメリカ会計史』同文舘，1983年，341-343ページ）。

(18) Miller, P. B. W. and Redding, R., *The FASB The People, the Process, and the Politics, Second Edition*, 1988, p. 24.（高橋治彦訳『The FASB；財務会計基準審議会—その政治的メカニズム—』同文舘，1989年3月，42-43ページ）。

(19) *Ibid.*, p. 59.（同上訳書，83ページ）。

定義される。そして「目的（objectives）というのは，会計の目指す目標（goals and purposes）を明らかにするものであり，基本概念は，会計の根底にある諸概念（underlying concepts），つまり，報告されるべき事象の選択，その事象の測定，さらにはその測定結果を要約して利害関係者に伝達する手段を導き出す概念である」[21]とされ，「この種の概念は，他の概念が派生する源となり，会計および報告基準の設定・解釈・適用に当たってそれを繰り返し参照することが必要となるという意味で基本的なのである」[22]とされる。

第2項　SFAC各号の相互関連と内容的特徴

SFACは前記の1号から7号の7つからなっている。今ここでは，営利会計概念フレームワークに注目すれば，第6号は第3号の差し替えであり，第4号は非営利組織に焦点が当てられているものであるので，その主要な構成は，第1号『営利企業による財務報告の諸目的』，第2号『会計情報の質的特徴』，第6号『財務諸表の構成要素』，第5号『営利企業の財務諸表における認識と測定』によって知りうる。第7号『会計測定におけるキャッシュフロー情報と現在価値の利用』は，第5号での「測定」に関する部分を補うものとして作成されたものであるので，第5号の補足版と位置づけることとする[23]。まず，それぞ

---

(20)　FASB, *Scope and Implications of the Conceptual Framework Project*, FASB, Dec. 2, 1976, p. 2.（森川八洲男監訳『現代アメリカ会計の基礎概念—FASB財務会計概念報告書—』白桃書房, 1988年, 5ページ）。
(21)　*Loc. cit.*（同上訳書, 5ページ）。
(22)　*Loc. cit.*（同上訳書, 6ページ）。
(23)　SFAC第7号が，SFAC第5号の「測定」に関する部分を補うものであることについて次のように述べられている。「FASBは，〔中略－引用者。以下本書では〔〕内は全て引用者が挿入したもの〕FASB概念ステートメント第5号『営利企業の財務諸表における認識と測定』における測定属性に関する記述が，会計測定において現在価値をいつ，また，どのように用いるべきかを決定するうえで不十分であると考えている」(No. 7, par. 4)。「本ステートメント〔SFAC第7号〕は,会計測定の基礎として将来キャッシュフローを用いるためのフレームワークを提供するものである」(No. 7, par. 11)。

れの相互関連と内容的特徴についてみてみよう。
(1) 各報告書の相互関連
SFAC 第1，第2，第6，第5号の内容と相互関係は藤井秀樹教授の整理によれば，次のように表現されている（第7号については引用者挿入）[24]。

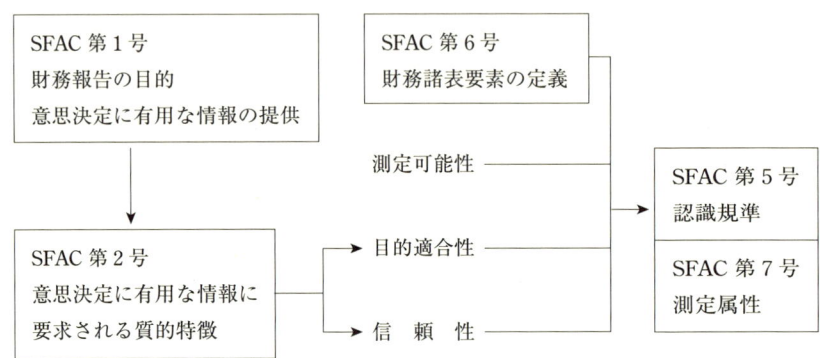

ここでは，「概念フレームワークでは，まず会計規制のあり方を方向づける基底的概念として財務報告の目的が提示され（第1号），つづいて，その目的の達成を導く規準として会計情報の質的特性が提示されたのちに（第2号），当該目的に焦点をあてる立場から財務諸表要素の定義が提示され（第6号），さらに以上の諸概念を集大成するかたちで認識規準が提示されているのである（第5号）」[25]という相互関係が示されている。第7号は，第5号で提示されている測定属性の部分を補っている。

(2) SFAC の内容的特徴
FASB 概念フレームワークプロジェクトの成果である SFAC の内容の一般的特徴として筆者は，

---

(24) 藤井秀樹「会計原則設定史からみた FASB 概念フレームワークの諸特徴」『産業経理』，Vol. 53, No. 1, 1993 年 4 月, 85 ページ。

(25) *Ibid.*, 84 ページ。

(1) 財務報告の目的を「経済的意思決定に有用な情報を提供すること」とし，いわゆる「意思決定有用性アプローチ」を採っている点，
(2) 会計情報を有用なものにする質的特徴を階層化している点，
(3) 資産を key 概念として，財務諸表の構成要素を定義している点（「資産・負債視角」(asset and liability view)(26)を採用している点），
(4) 財務諸表の構成要素の定義を，その認識，測定とは分離して行っている点，

の4つをあげることができると考えている(27)。

第3項　SFAC への批判的諸見解

わが国会計学界では，当初から FASB への関心は高く，SFAC についてもその翻訳書はもとより数多くの紹介が行われてきたが，その批判的論評は案外少ない。しかしながら，少数ではあるが批判的検討も行われている。本章の作成にあたっても多くの示唆を与えられた。

津守常弘教授は，SFAC について，最も丹念に内在的に検討を加えられている研究者の一人である。教授は1988年の論文で，「ほぼ8年間に亘って繰り返されて来た討論の結果たどり着いた到達点は，まさに『合意主義』の再生産，しかも拡大された規模におけるそれであり，いわゆる『会計政治化』の一層の進展に他ならなかった。しかもとりわけ問題なのは，このような『合意主義』『会計政治化』の影響が，会計における最も基本的な概念である利益概念の内容にまで未曾有の深さで浸透するに至っていることである」(28)と批判しているが，1991年論文では，「とはいえ，われわれの課題は，『概念的フレームワーク』が設定過程における妥協・『会計政治化』によって『汚染』された部分と『合

---

(26) この asset and liability view は，一般に「資産・負債アプローチ」と訳されているが，「アプローチ」は「意思決定有用性アプローチ」(decision-usefulness approach) にも使用されているように，view の訳語とするのは不適切と考え，本書では view を筆者独自に「視角」と訳した。

理的な』部分とを丹念に選り分け，後者を摂取しながら独自的に理論を形成することである」(29)と部分的評価の姿勢を示している。この問題に関して，広瀬義州教授は，より穏健な意見を述べている(30)。

---

(27) 津守教授は，先行する会計原則との比較において，その主要な特徴を6点に整理している。津守教授自身のつけられた表題によってあげれば次のようなものである。
① 「会計基準を設定するための基準」としての「概念的フレームワーク」
　これは，「概念フレームワーク」そのものの位置づけであるので別とすれば，内容的な特徴は次の②以下の5点となるだろう。
② 「古典的アプローチ」から「意思決定・有用性アプローチ」への変換
　この意思決定有用性アプローチへの転換を津守教授はきわめて重視していて，これを③以下の「諸特徴を規定する基軸的な特徴であるという意味において『概念フレームワーク』の内容にとって決定的に重要な特徴である」と指摘している。
③ 「一般目的外部財務報告」─財務諸表等の作成・公開目的の拡張と限定
　「意思決定有用性アプローチ」に基づいて財務諸表作成と公開目的の拡張と限定が行われている。
④ 「会計選択」と会計情報の質的特徴の階層的構造の確定
　有用性を最大ならしめるために会計方法の選択範囲がきわめて大きく拡大されていること，および「認識・測定の主観性と客観性とが『目的適合性』と『信頼性』とのトレードオフの問題として提起されていること」が指摘されている。
⑤ 「財務諸表の構成諸要素の定義」における「資産・負債中心主義」への転換と包括的利益」概念の提唱
　ここでは，「『資産』→『負債』→『持分』→『持分の変動＝包括的利益』という順序で利益概念が規定され，『収益－費用＝利益』という利益概念定義の方式は全く影を潜めている」ことが指摘されている。
⑥ 「認識」概念の質的変化─「認識規準」と「画定規準」との統一的把握
　財務諸表作成・公開目的の拡張に関連して，認識概念を会計上のあらゆる項目にまで拡張していることを指摘している。
（津守常弘「アメリカ会計原則設定史の歴史的教訓」『JICPAジャーナル』No. 426, 1991年1月，41-43ページ）。
(28) 津守常弘「会計原則と利益概念─『包括的利益』概念と『稼得利益』概念に関連して─」『産業経理』Vol. 47, No. 4, 1988年1月，10ページ。

第1節 FASB概念フレームワークの概要

包括的利益と稼得利益に関して、津守教授は「『包括的利益』とは別個に『稼得利益』概念を定義することの意味はまことに希薄なものとなった。端的にいえば、これら二つの利益概念は、重層的定義それ自体に意義があるというよりは、定義の過程における『共存』という事実そのものに意味があったのである」[31]と述べ、つづけて「別言すれば、SFACシリーズにおける利益概念の重層的定義は、主に会計原則の計算構造的側面に内在する何らかの要因に基づいて必然化したものではなく、まさに、その制度的枠組み、とりわけ基準設定過程に内在する根拠に基づいて登場せざるを得なかったものである」[32]と述べている。この後半の見解については、会計の計算構造的側面に内在する要因についてより詳しく検討する余地が残されているように思う。

SFACにおける会計の計算構造については、高山朋子教授が、「SFACでは、第6号で『企業は本質的には、資源ないし資産の加工処理をするもの』と規定しているが、この企業活動と資産・負債・持分との関わり、複式簿記による記帳の必要性の根拠、維持されるべき資本、収支計算と損益計算の相違などの基本問題についての概念構造が示されていない」[33]と問題点を指摘している。この指摘に示唆をえて、本章第3節第3項でSFACの計算構造を検討した。

---

(29) 津守常弘「アメリカ会計原則設定史の歴史的教訓」『JICPAジャーナル』No. 426, 1991年1月, 45ページ。

(30) 「しばしば『概念フレームワーク』は会計基準の形成と同様に、妥協の産物であるとする見方もあるが、かかる見解は会計基準の性格、それを設定するための視点などを一面的にとらえ、正しく評価していないといえるのではなかろうか。もとより、会計基準の形成が妥協の産物であると首肯しているわけではないが、すでに第1章において考察したように、妥協の産物に対置される理論規範性のみを重視して形成された会計基準が、実際には会計基準としてまたはGAAPとして機能しなかったのも事実であるといえよう」(広瀬義州『会計基準論』中央経済社, 1995年, 125ページ)。

(31) 津守常弘「会計原則と利益概念―『包括的利益』概念と『稼得利益』概念に関連して―」『産業経理』Vol. 47, No. 4, 1988年1月, 9-10ページ。

(32) 同上, 10ページ。

(33) 高山朋子「会計理論の再構築に向けて」『産業経理』Vol. 47, No. 2, 1987年, 96ページ。

SFAC の全体的方法論についても，高山教授は，「① 帰納法と記述的方法とが同一視されており，現実の実務からの考察から出発する限り，現実の実務の全面的承認に帰結するという前提。② 演繹法と規範的方法とが同一視されており，実務の改善や新規定を導き出す基礎概念はこの方法からのみ生み出しうるという前提。③ 帰納法と演繹法とが二者択一性をもつという前提。④ 利害関係者との妥協を必要とする政策論抜きでは，会計理論もその基礎も生み出しえないという前提。⑤ 会計実務に役立つもののみが会計理論である，すなわち，あらゆる概念はその実際的効果を基準として価値づけられる，というプラグマティズムの前提」[34]を指摘し，それぞれを詳しく検討されている。

　SFAC の「会計目的」の設定に関しては，山形休司教授が，「問題は，FASB が三つの財務報告の目的を列挙し，それが一般より特殊へと進む目的の限定にあるとしている点にある。すなわち，財務報告の目的が『投資や信用供与の決定に有用な情報』の提供にあるということを，抽象的・一般的にいう限りでは誰にも異論はない」，「FASB は財務報告の 2 番目の目的として『キャッシュ・フロー予測の判定に有用な情報』の提供をあげる。しかしながら，このような目的は，投資家や債権者にとっては有用な情報ではあっても，一般の人々にとって有用な情報とはいえない」，「FASB のいう財務報告の目的の 3 番目のもの『企業の諸資源，諸資源に対する請求権，それらの諸変化についての情報』というのは，目的ではなくて，提供される情報の性格と特徴を述べたものである」，「FASB は 2 番目で情報の受け手の目的を説明し，3 番目で情報の送り手の情報伝達様式を述べているだけである。しかも，そのような点は明白にせず，ただ『一般目的から特殊目的』への方向で目的の説明をしているというだけである。そこには，特定の立場や利害を代弁するとみられることを極度に警戒する FASB の意図がみられる。しかし，そのことが，問題の本質的解明を困難にしているとすれば，FASB にとっての不幸ばかりでなく，会計学の発展にとっても好ましいことではない」[35]と批判している。

---

(34) 同上，97 ページ。

また，津守教授も，「『基礎的概念構造』を貫く会計選択の論理は，財務会計領域への『意思決定＝有用性』理論の全面的適用を示すものである」，「『基礎的概念構造』においては，『意思決定＝有用性』理論の適用によって，選択性の問題は，会計の論理の内部に吸収されたばかりでなく，論理の中心に据えられるにいたっている」(36)と指摘している。この点に関しては，SFACへの批判ではないが，岡部孝好教授は，「意思決定有用性アプローチ」そのものの問題点を，①会計情報生産のインセンティブ，②情報利用者と情報ニーズの識別，③情報ニーズの社会的調整，という3点に分けて詳しく検討している(37)。本

---

(35) 山形休司『FASB財務会計基礎概念』同文舘，1986年，119-121ページ。

(36) 津守常弘「FASB『基礎的概念構造プロジェクト』の到達点と問題点」『企業会計』Vol. 37, No. 11, 1985年，10ページ。

(37) ① 会計情報生産のインセンティブの問題：経営者は大きな代償を払ってまでなぜ会計情報を生産し，大切な情報をなぜ「他人」に提供するのかということが，「意思決定有用性アプローチ」においては問題とされていない。この点から，情報生産者のインセンティブの分析が完全に脱落してしまっている。「意思決定有用性アプローチ」がもつ第一の，そして最大の問題点は，情報利用者の意志が情報提供者側にも及ぶと考えられていることである。

② 情報利用者と情報ニーズの識別の問題：「意思決定有用性アプローチ」では，目的適合性が最重要とされる。その明確化には会計情報の利用者を識別し，その情報ニーズを特定しなければならない。しかし，普通は，会計報告書の典型的な読者が羅列されるだけで，それぞれがどういう意味で会計情報の利用者なのかという点に厳密な検討を加えている会計文献はほとんど見当たらない。せいぜい経営者に情報を要求できる人々—いわゆる「意図した利用者 intended users」—が考慮されるに止まっている。また，人によって時と場合によって意思決定モデルは画一ではないし，誤った意思決定モデルを使用することもあり，「意思決定有用性アプローチ」は意思決定に対する会計情報の役立ちを高揚するが，その内容はきわめて空疎なものでしかない。

③ 情報ニーズの社会的調整の問題：情報に対する選好に全員一致がない場合には，それをどう社会的に調整するのかの問題がある。「意思決定有用性アプローチ」では意思決定主体をバラバラに取り上げ，個人的行動に対する会計情報の有用性だけをみているから，情報ニーズの社会的な調整の問題はその視野に入らない。(以上，岡部孝好『会計情報システム選択論〔増補〕』中央経済社，1993年1月，6-13ページ)。

章では，以下，SFACにおける主要な2つの方法，すなわち，「意思決定有用性アプローチ」と「資産・負債視角」を検討する。

第2節　意思決定有用性アプローチの検討

すでにみたように，SFACは，それまでの「伝統的なアプローチ」(「真実利益」の決定) に代えて，「意思決定有用性アプローチ」を採用した。「意思決定有用性アプローチ」とは，財務報告の基本的目的を「経済的意思決定を行う上で有用な情報を提供すること」に求める会計方法論であり[38]，この基本的目的が概念フレームワークとそれを構成する諸概念（内容）を規定するという関係にある。

会計目的が手段としての会計諸概念や会計行為を規定するという目的論的な理論構成は，伝統的会計理論においてもとられてきたものである。いわゆる近代会計学の方法論において，最も精緻な目的論的構成を示したのは，Littleton, A. C. の *Structure of Accounting Theory* (1953) であろう。Littletonによる会計の「中心目的」は，「期間企業利益の決定」であった。このような目的論的理論構成そのものに関しての批判的検討は，すでに田中章義教授によって行われ[39]，近年では藤井秀樹教授によっても方法論的疑問が提起されている[40]。ここでは，目的論そのものの吟味にまで踏み込む余力がないので，目

---

[38] 「意思決定有用性アプローチ」(decision-usefulness approach) は，AAA『会計理論および理論承認に関する報告書』によれば，意思決定者を重視する意思決定者アプローチ (decision-maker approach) と，意思決定モデルを重視する意思決定モデル・アプローチ (decision-model approach) の2つに大別される。ASOBATによって提起されたのは，後者の意思決定・モデルアプローチであり，SFACが採っているのも意思決定・モデルアプローチである。

[39] 田中章義「会計における目的論的思考の構造」『東京経済大学創立70周年記念論文集』1970年12月。田中章義「近代会計学の目的論的性格――リトルトン理論の構造」『東京経大学会誌』第73号，1971年11月。

的論を前提した上で議論を進めたい。

　本節では，目的論的方法をとる SFAC を，同じく目的論的方法をとるトゥルーブラッド報告書，Littleton『会計理論の構造』と対比することにより，SFAC の「意思決定有用性アプローチ」の分析を試みたい。そのためにまず，SFAC の会計目的と概念フレームワークの構成を確認しておきたい。

第1項　SFAC の会計目的と概念フレームワークの構成

　まず，SFAC の各号の内容構成において，会計目的が頂点的な役割を果たしていることを再確認しておきたい。

　SFAC 第1号は，意思決定有用性アプローチに基づき，「財務報告の目的（会計の目的）」として「経営および経済的意思決定を行うために有用な情報を提供すること」(No. 1, par. 9)[41]を掲げる。そして，広範囲の利害関係者を想定したうえで，自らの欲する情報を企業に要求できない外部利用者に対象をしぼり，さらに，利害関係者それぞれの情報ニーズを分析したあとで，投資者，債権者および彼らのアドバイザーにとって有用な情報が，その他の外部利用者にとっても有用であるとする。

　こうして，財務報告の基本目的は，「現在および将来の投資者，債権者その他の情報利用者が合理的な投資，与信およびこれに類似する意思決定を行うのに有用な情報を提供すること」(No. 1, par. 34) と規定する。具体的には，このような意思決定にとって有用な情報とは，「当該企業への将来の正味キャッシュ・インフローの金額，時期および不確実性を評価するにあたって有用な情報」(No. 1, par. 37) であり，さらに，このような情報は，「企業の経済的資源，かかる資源に対する請求権ならびにその資源およびこれらの資源に対する請求権に変動をもたらす取引，事象および環境要因の影響に関する情報」(No. 1, par. 40) から得られるとする。

---

(40)　藤井秀樹『現代企業会計論』森山書店，1997年，16-18ページ。
(41)　本書では，以下，SFAC 各号からの引用は本文中で (No. x, par. xx) と表示する。

次いでSFAC第2号では，財務報告の目的を達成するための規準としての「会計情報を有用にする特徴」を検討している。そこでは，会計情報の質的特徴を階層構造として示している。この階層構造は，利用者に固有の特質，意思決定に固有の特質，および2つの制約から構成されている。その中でも，意思決定に固有の特質が中心であり，その最も重要な規準は，「目的適合性」と「信頼性」である。この2つの特質が，会計情報を有用なものにするための規準の中心であり，財務報告の目的を果たすために要求される特質とされる。

そして，第3号（第6号）において，財務報告の目的である「現在および将来の投資者，債権者その他の情報利用者が合理的な投資，与信およびこれに類似する意思決定を行うのに有用な情報を提供する」という目的を果たすために重要な「企業の経済的資源，かかる資源に対する請求権ならびにその資源およびこれらの資源に対する請求権に変動をもたらす取引，事象および環境要因の影響に関する情報」を提供するものとしての財務報告の中心的存在である財務諸表について，その構成要素の定義が行われている。

最後に，財務諸表における認識と測定について第5号では，認識規準として，「定義」，「測定可能性」，「目的適合性」，および「信頼性」の4つがあげられている。「測定可能性」とは，「当該項目が十分な信頼性をもって測定でき，かつ目的に適合する属性を有すること」（No. 5, par. 63）とされ，この測定属性部分を第7号が補足している。

以上からもわかるように，SFACは会計目的を頂点として，その目的を達成するための情報の質的特徴，財務諸表の構成要素の定義，そして，それらを満たしかつ測定可能であるものを財務諸表において認識するという構成をもっているのである。

第2項　トゥルーブラッド報告書とSFAC

「意思決定有用性アプローチ」は，SFACにおいてはじめて採用されたものではない。公式見解としては，『基礎的会計理論に関するステートメント』（*A Statement of Basic Accounting Theory*：ASOBAT）（1966）によってはじめて提起され，つ

いでトゥルーブラッド報告書（1973）にも採用されている。ここでは，トゥルーブラッド報告書の特徴をみて，それとSFACとを比較することにより，同じ「意思決定有用性アプローチ」をとりながら異なる概念構成にいたる過程を検討したい。

(1) トゥルーブラッド報告書の特徴

　トゥルーブラッド報告書は，ASOBATと比較すると，会計情報のさまざまな利用者・用途・ニーズのうちから，原型としての情報利用者の種類を選択し，その情報用途の種類，情報ニーズを特定化（identification）した点[42]，また，基本目的「経済的意思決定ないし投資意思決定のための有用な情報提供」の副次的情報として「受託責任の報告のための情報」を位置づけている点[43]が異なっている。

　特定化の点については，トゥルーブラッド報告書では，営利企業にかかわる外部利用者の「類似した情報ニーズ」，「意思決定の基本的な類似性」（犠牲と給付，投資と投資回収の予測と比較）の存在を指摘する。そして，情報利用者として「投資者・債権者」，情報の用途として「彼らの手元に入る潜在的キャッシュ・フローの予測，比較，評価」，情報ニーズとして「企業の収益力の予測のための情報」，「経営者の能力の判断のための情報」に対するニーズが識別，特定化されている[44]。

　「受託責任の報告」が副次的なものとされた点については，「意思決定」のために「収益力を評価・判定するのに役立つ測定値は，同時に，経営者の会計責任を明らかにするためにも有用である」[45]ということから，「受託責任の報告」を経済的意思決定のための情報の中に含めるという構成になっている。

---

(42)　AICPA, Study Group on the Objectives of Financial Statements, *Objectives of Financial Statements*, AICPA, 1973, pp. 17-20.（川口順一訳『アメリカ公認会計士協会　財務諸表の目的』同文舘，1976年，15-21ページ）。

(43)　*Ibid.*, pp. 25-26.（同上訳書，29-32ページ）。

(44)　*Ibid.*, pp. 17-26.（同上訳書，15-32ページ）。

(45)　*Ibid.*, p. 26.（同上訳書，31ページ）。

トゥルーブラッド報告書は，基本目的を頂点として，それを達成するための目的が階層的に提示されている。すなわち，「経済的意思決定に有用な情報を提供すること」という基本目的から，「投資者・債権者が，彼らのもとに入ってくる潜在的キャッシュ・フローを予測，比較，評価するために有用な情報を提供すること」という目的が導かれ，その目的から「企業の収益力の予測・比較・評価のための情報」と「経営者の能力を判断するための情報」を提供するという目的が導かれる。そして，さらに，具体的に財務諸表によって「企業の収益力を予測し・比較し・評価するために有益な，取引やその他の事象に関する事実性情報と解釈性情報，貸借対照表，損益計算書，資金運用表を提供する」という目的が導かれる。また，この報告書は，その他の目的として「未来予測に有用な情報を提供すること」と「社会に影響を及ぼすような企業活動のうち，確定されかつ説明もしくは測定されることの可能なもので，企業を取り巻く社会環境において企業の役割のうえで重要なものを報告すること」をあげる[46]。

トゥルーブラッド報告書では，財務諸表の目的を達成するために必要な情報の特性として，「目的適合性」，「重要性」，「実質優先性」，「信頼性」，「不偏性」，「比較可能性」，「一貫性」および「理解可能性」の8種類の「報告の質的特性」が提示される[47]。

(2) SFACとの比較

トゥルーブラッド報告書の流れをくんでいるSFACでは，その第1号において，トゥルーブラッド報告書と同様に，「経済的意思決定を行うために有用な情報を提供すること」という基本的目的を頂点として，「情報利用者」と「意思決定の種類」が特定される。そして，その目的を達成するための諸目的が階層的に展開され，それらの目的から具体的に財務諸表によって提供されるべき

---

(46) この他にもう1つ，政府機関と非営利団体の財務諸表の目的として，「その機関または団体の目標を達成するうえでの資源管理効率を評価するのに有用な情報を提供すること」をあげている。*Ibid.*, pp. 49-51.（同上訳書，65-68ページ）。

(47) *Ibid.*, pp. 57-60.（同上訳書，73-79ページ）。

情報が導かれるという構成がとられ，第2号において，会計情報が備えるべき特徴が階層構造で示される。

　特に注目すべき両者の相違は，基本的目的からの展開過程における違いである。トゥルーブラッド報告書も SFAC も共に，投資者および債権者は自分たちのもとに入ってくるキャッシュフローを生み出す企業の能力に関心をもち，その能力を見積もるための情報を要求しているとする点では共通している[48]。しかし，そこから，トゥルーブラッド報告書では，投資者・債権者のもとに入るキャッシュフローを生み出す企業の能力は，企業の「収益力」であるとし，したがって，財務諸表は企業の「収益力」を評価するための情報を提供すべきであるとする。それに対して，SFAC では，投資者・債権者のもとに入るキャッシュフローを生み出す企業の能力を見積もるためには，「企業の経済的資源，かかる資源に対する請求権ならびにその資源およびこれらの資源に対する請求権に変動をもたらす取引，事象および環境要因の影響に関する情報を提供しなければならない」(No. 1, par. 40) とする。

　このように企業の現金創出力を見積もるために必要とされる情報について，トゥルーブラッド報告書は，企業の「収益力」とし，財務諸表で報告される利益が，収益力を評価するための規準として最も重要であるとする[49]。そして，その利益稼得のプロセスは，最大限の現金を所有主に分配するという企業の最高目標を達成することに向けられた努力と成果から成っている[50]とされ，この利益稼得プロセスを構成する諸活動は，利益稼得サイクルに結びつけることができるとし，利益稼得サイクルを犠牲と給付の実現と相互の関係をもとに分類するという，いわゆる収益・費用視角がとられている。

　これに対して，SFAC は，将来のキャッシュフローを生み出す企業の能力を見積もるために，「企業の経済的資源，かかる資源に対する請求権ならびにそ

---

(48) *Ibid.*, p. 20.（同上訳書，21ページ）．SFAC, No. 1, par. 37.
(49) *Ibid.*, p. 31.（同上訳書，40ページ）．
(50) *Ibid.*, p. 27.（同上訳書，34ページ）．

の資源およびこれらの資源に対する請求権に変動をもたらす取引，事象および環境要因の影響に関する情報を提供しなければならない」としてから，良好なキャッシュフローを生み出す企業の能力についての投資者・債権者の関心は，主として稼得利益に関する情報についての関心と結びつくとしている。そして，発生主義会計によって測定される企業の稼得利益およびその内訳要素に関する情報が企業業績の優れた指標となるとする。SFAC もトゥルーブラッド報告書と同様に利益を最も重視している点では一致するが，トゥルーブラッド報告書が「収益力」を強調して「収益・費用視角」を採るのに対して，SFAC は「経済的資源の変動による稼得利益」を強調して「資産・負債視角」を採っているという点に大きな相違が見られるのである。

　もう1つ大きな相違点をあげると，トゥルーブラッド報告書では，財務諸表としての貸借対照表と損益計算書の構成要素が，犠牲と給付という概念により説明（「収益・費用視角」）され，それと同時に測定属性についても給付と犠牲の観点から説明されている。それに対して，SFAC では，財務諸表の構成要素の定義は，経済的便益という概念による資産の定義から構成（「資産・負債視角」）され，さらに測定属性とは切り離されて行われる。

　以上のように，同じ意思決定有用性アプローチを採る場合でも，具体的な財務諸表の構成要素に対する捉え方には相違があることが明らかになった。なぜこのような相違が生ずるのだろうか。第一に考えられるのは，岡部孝好教授が指摘している「意思決定有用性アプローチ」における多くの情報利用者および情報ニーズの識別の困難性である。そこでは，すべての利用者・ニーズに適用させることは不可能なので，「いわゆる『意図した利用者』」が考慮されることになる。具体的にどんな「利用者・ニーズ」を考慮するかは，きわめて政策的・政治的な問題となることは，しばしば指摘されているが，これは「意思決定有用性アプローチ」をとる場合，避けられない問題のように思われる。また，FASB 概念フレームワークにおいては，一部の繰延費用・引当金の排除と取得原価主義から生ずる問題の解決をその目標としたことも，トゥルーブラッド報告書と SFAC との相違の原因の1つとしてあげられよう。

第2節　意思決定有用性アプローチの検討　19

第3項　目的論的方法の一典型 ── Littleton『会計理論の構造』──

　次に，目的論的方法を前提した上で，なおかつ，その会計目的を「意思決定有用性」に求める会計理論の一面性を考えてみたい。まず，最も体系的な会計目的論を展開したと思われる Littleton, A. C. の見解を検討する[51]。

　Littleton は，「会計は人間の行為であると考えている。その行為は行為目的（上位目的（top objective）から先行目的，中間目的と階層的に並んでいる）に規定されるものであるとされる。他方，会計行為の慣習化であり制度化であるところの会計構造は理念的な目的（中心目的（central purpose）と呼ばれる）を中心に構成されるべきだ」[52]とする。Littleton では，会計における理念は企業利益である[53]。この理念から，会計の中心目的──「企業努力と企業成果の測定・比較によって，費用と収益の迅速かつ期間的な対応を行うこと」すなわち「期間企業利益の決定」が導出される。次に彼は，会計の性格を構成する6つの領域をあげる。

　その6つの領域は，

① 取引──書類化された企業事象
② 記帳──時の経過順に記録された企業事象
③ 勘定──分類範疇の中に収録された企業事象
④ 割当──期間的に再分類された企業事象
⑤ 財務諸表──集約した報告書として示される企業事象
⑥ 監査──批判的に吟味されている企業事象と報告

である[54]。

---

(51)　Littleton, A. C., *Structure of Accounting Theory*, AAA, 1953.（大塚俊郎訳『会計理論の構造』東洋経済新報社，1955年）。Littleton の所説については，田中章義教授の論文をも参照した。田中章義「近代会計学の目的論的性格──リトルトン理論の構造」『東京経大学会誌』第73号，1971年11月，29-60ページ。

(52)　田中章義「近代会計学の目的論的性格──リトルトン理論の構造」『東京経大学会誌』第73号，1971年11月，36ページ。

(53)　Littleton, A. C., *op. cit.*, pp. 18-20.（前掲訳書，26-29ページ）。

(54)　*Ibid.*, p. 116.（同上訳書，170ページ）。

図1　会計の中心目的と6領域[55]

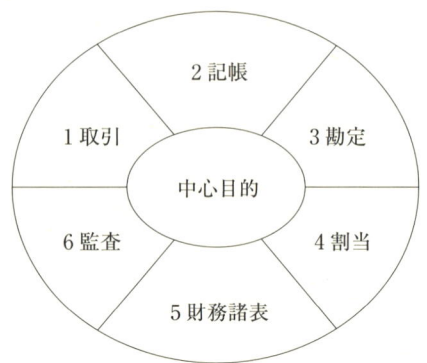

　Littletonは，これら6つの「諸要素の緊密な相互関係というものが，人類が発展させてきた会計用具および業務過程の中に適切に折り込まれていることがわかるであろう。このような考え方においては，一般に考えられているのとは異なって，簿記と会計は別個のものでないという見解を支持し，また，これら両者の将来における発展は，それぞれのもつ共通的要素の理解ならびに総合に対する，より一層の努力から生じるものであるという理念を支持することになる」と述べる[56]。

　6つの領域は，会計の実践的行為の中から徐々に形成されてきたものであり，会計を理論化するにはさらにこれらの内部に存在する会計行為にまで上向しなければならないとする。この会計行為にも6つの領域があり，これは先の会計の領域にそれぞれ照応している。

　この6つの会計行為から，それぞれ行為目的が導かれ，より上位の目的が導かれていき，その頂点に位置する上位目的は，「データによって営利企業の理解について人を助けること」とされる。

---

(55) *Ibid.*, p. 118. (同上訳書，172ページ)。図の作成にあたっては，田中章義教授の「近代会計学の目的論的性格―リトルトン理論の構造」38ページを参考にした。

(56) *Ibid.*, p. 118. (同上訳書，172ページ)。

第 2 節　意思決定有用性アプローチの検討　21

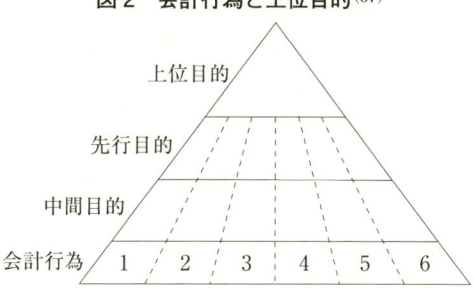

図 2　会計行為と上位目的(57)

（ピラミッド図：頂点から「上位目的」「先行目的」「中間目的」「会計行為 1 2 3 4 5 6」）

　Littleton の会計理論においては，会計構造の中心としての「中心目的」と会計行為体系の頂点としての「上位目的」という 2 つの目的が掲げられている。「中心目的」とは，会計の基本理念として規定された「企業利益」から導出された仮説であり，「費用と収益の迅速かつ期間的な対応を行うこと」すなわち「企業利益の決定」であった。これに対して「上位目的」は個々の会計行為に対する個々の具体的目的の統一としての行為目的「データによって営利企業の理解について人を助けること」である。この両目的の関係について，Littleton のはっきりとした記述はない。考えうる両者の関係は，理念としての目的は行為の目的よりも高いのだから，中心目的が上位目的の上にありこれを規定しているという関係である。この 2 つの目的— Purpose と objective —の関係について，田中教授は次のように述べている。「リトルトンの『期間利益の決定』という中心目的は，観念的な形式ではあるが，会計の性格が個別資本の運動に規定された社会的なものであるということの表明」であり，「したがって，中心目的はリトルトン会計理論の中核であり，会計行為をも規定するものでなければならないはずである」。それにもかかわらず，Littleton は，「会計行為を検討するときになると，それは統計作成過程と類似の技術的過程と考え」て，中心目的は表面からしりぞき，上位目的以下の行為目的に取って代わられること

---

(57)　*Ibid.*, p. 124.（同上訳書，180 ページ）。図の作成にあたっては，田中章義教授の「近代会計学の目的論的性格—リトルトン理論の構造」39 ページを参考にした。

になっているという関係になると(58)。

　Littletonの会計理論も，会計目的から会計理論を構築しようとするという方法においては，FASBの概念フレームワークと同じ方法であるといえるが，両者の決定的な違いは，Littletonが，「財務諸表」を会計の6つの領域の1つにすぎないとし，「財務諸表は長い一連の簿記的操作の産物である」(59)としていること，会計の中心目的として「企業利益の決定」をあげていることである。

第4項　意思決定有用性アプローチの問題と影響
(1)　情報利用者選択の恣意性
　SFACは，多様な情報利用者の存在を例示するけれども，実際には，投資者や（社）債権者とそれに関連する証券会社，証券アナリストが主要な利用者 (intended users) として想定され，情報ニーズもそれに合わせた将来のキャッシュフローの予測が主要な要素と想定されていると考えられる。トゥルーブラッド報告書との比較で論じたように，情報利用者選択の恣意性は，「意思決定有用性アプローチ」一般のもつアキレス腱でもある。

(2)　財務報告書への偏向—複式簿記の軽視
　投資者あるいは証券アナリストに有用な情報の提供を目的とするSFACのアプローチは，当然のことながら，彼らが主に利用する財務諸表およびその構成要素，認識，測定の基準等が関心の中心を占めている。そして，財務諸表に第一次的情報を提供する複式簿記の計算構造の問題がほとんどかえりみられていない。すでにみたように，同じ目的論的アプローチをとりながら，Littletonが帰納法の併用によって会計目的から6つの会計領域を設定したのに対して，概念的アプローチを貫こうとするSFACには，Littletonのあげた6領域の中の1つである財務諸表しか視野に入らないのである。

---

(58)　田中章義「近代会計学の目的論的性格—リトルトン理論の構造」『東京経大学会誌』第73号，1971年11月，55-56ページ。

(59)　Littleton, A. C., *op. cit.*, p. 18.（前掲訳書，27ページ）。

さらにSFACにおいては、測定属性についても認識規準の1つとして財務諸表作成時点での問題とされ、それ以前の測定については問題とされていない。しかし、財務諸表は、簿記とくに複式簿記の記録をもとに作成されるものである。したがって、財務諸表の構成要素について、資産・負債視角を採るという根本的変革を行うならば、それは複式簿記との関係の変化、複式簿記の計算構造の変革をも伴うはずである。

(3) 「概念フレームワーク」への影響

「意思決定有用性アプローチ」は、SFACの概念フレームワークの構成へ大きな影響を与えている。資産・負債視角という財務諸表の捉え方から、構成要素の定義、財務諸表へ記載するか否かの認識規準、その測定属性、利益概念、等々。この問題については、資産・負債視角に注目しながら次節で検討する。

第3節　SFACにおける「資産・負債視角」採用とその限界

第1項　意思決定有用性アプローチの財務諸表への浸透

前節でみたように、トゥルーブラッド報告書もSFACも、共に、情報利用者は企業のキャッシュフローを得る能力を予測する情報に関心があるとした。しかし、前者は、それを「企業の収益力の比較、予測、評価の情報」であるとしたのに対して、SFACは「企業の経済的資源、それへの請求権〔中略〕の情報」(No. 1, par. 40) としていた。

SFACが「企業の経済的資源」[60]を重視したのは、それが、主な情報利用者として想定されている投資者や（社）債権者にとって有用な、将来キャッシュ

---

(60) 1976年『討議資料』では、「経済的資源」を「現実世界の事物」the real-world thingsとし、「経済的資源の財務的表現」である「資産」と区別しているとのことである。（津守常弘「会計原則と利益概念―『包括的利益』概念と『稼得利益』概念に関連して―」『産業経理』Vol. 47, No. 4, 1988年1月、7ページ）。

フローを予測する情報だからである[61]。「当期の利益」に関する情報は，当期の配当金を予測するには有用な情報である。しかし，将来の配当金，株価等を，当期の利益から予測するのは容易なことではない。投資者やアナリストが，とくに求めるのは「将来の利益」あるいは「キャッシュフロー」情報であろう。

将来のキャッシュフローを予測するには，損益計算書よりも，将来キャッシュフローと結びつく「企業の経済的資源，かかる資源に対する請求権」あるいはその財務的な表現である貸借対照表情報の方が一般に有用性が高い。その貸借対照表も，損益計算書中心主義によって期間損益計算の残存物の「保管箱」とされてしまったような貸借対照表では有用性は低くなる。そこに，「意思決定有用性アプローチ」はいわゆる「資産・負債視角」に立つ貸借対照表を必要とした理由がある。

ひとたび資産・負債視角を採用したSFACの「概念フレームワーク」は，その構造や構成要素にさまざまな影響を受けることになる。「包括的利益」という新たな利益概念の誕生もそうである。また資産・負債視角は，財務諸表の下にある複式簿記の計算構造に対しても影響を与えるはずである。

第2項 「資産・負債視角」による財務諸表構成要素の変容

(1) 『討議資料』における「資産・負債視角」と「収益・費用視角」の比較

資産・負債視角は1976年12月2日に公表されたFASB『討議資料』[62]において，「財務諸表の構成要素を定義づけるための基礎」として提起された3つの視角の1つである。それは，「① 資産・負債視角 (asset and liability view)，②

---

(61) 「かかる〔企業の経済的資源，債務および出資者持分に関する〕情報は，ある資源から将来得られると予測されるキャッシュフロー〔中略〕の直接的な指標である」(No. 1, par. 41)。

(62) FASB, *Discussion Memorandum, an analysis of issues related to Conceptual Framework for Financial Accounting and Reporting : Elements of Financial Statements and Their Measurement*, FASB, December 2, 1976. (津守常弘監訳『FASB財務会計の概念フレームワーク』中央経済社，1997年9月)。

第3節　SFACにおける「資産・負債視角」採用とその限界　25

収益・費用視角（revenue and expense view），③ 非連携視角（nonarticulated view）」の3つであるが，①と②の比較が主に問題となる。どちらを選択するかは，重要な意味をもつ。すなわち――「資産・負債視角と収益・費用視角のどちらの概念を選ぶかは，財務諸表の最も基本的な構成諸要素を抽出することに影響する。この構成諸要素の精密な定義は，その他の構成諸要素の定義を規定するものである」(63)。そして，資産・負債視角は，「資産・負債の定義にもとづいて，利益およびその内訳要素を定義し」，「利益は一期間における営利企業の正味資源の増分の測定値である」(64)とする(65)。

資産・負債視角においては，利益は正味資産の増減として定義されるが，「正味資産の増減のすべてが必ずしも利益と定義されるわけではない。所有者からの現金その他の資産の受領，あるいは所有者への現金その他の資産の分配（一般に前者は資本拠出，後者は資本引出と呼ばれている），ならびに過年度の利益修正は，一期間における資本の増減であるが当該期間の利益とならないものの明らかな事例である」という限定が示され，また，「保有」利得・損失については，「資本維持」に関連するものとされる(66)。

これに対して，収益・費用視角は，「収益・費用の定義，ならびに収益・費用の関連づけないし『対応』にもとづいて，利益を定義する」(67)。この視角のもとでは，利益測定は，収益と費用との対応プロセスとして説明される(68)。

---

(63) *Ibid.*, p. 35.（同上訳書，49ページ。但しこの訳文は，訳書とは異なる）。
(64) *Loc. cit.*（同上訳書，49ページ）。
(65) 「正の利益要素――すなわち収益――は，当該期間における資産の増加および負債の減少に基づいて定義され，負の利益要素――すなわち費用――は，当該期間における資産の減少および負債の増加に基づいて定義される。資産・負債――企業の経済的資源の財務的表現と将来他の実体に資源を引き渡す義務の財務的表現――が，この視角における鍵概念である」*Ibid.*, p. 38, par. 34.（同上訳書，53-54ページ）。
(66) *Ibid.*, p. 38, par. 36.（同上訳書，54ページ）。
(67) *Ibid.*, p. 35.（同上訳書，49-50ページ）。
(68) *Ibid.*, p. 39, pars. 38-39.（同上訳書，55ページ）。

対応のプロセスは2つの主たる段階からなっている。① 当該期間における企業のアウトプットないし収益の測定，② 認識された収益と同一のものとみなされるアウトプットを生産するために利用されたインプットの原価を当該収益から控除すること，の2つである[69]。収益・費用視角では，「収益・費用が支配的概念となるので，資産・負債の測定は，一般に，利益測定プロセスの必要性によって規定される。したがって貸借対照表には，企業の経済的資源を表さない項目，あるいは他の実体に資源を引き渡す義務を表さない項目が，資産・負債またはその他の構成要素として記載されることがある」[70]という特徴を有するとされている。

そして，両視角の実質的な相違点として『討議資料』は，
(1) 収益・費用視角は，一期間における収益と費用の適切な対応を得るために，「繰延費用」および「繰延収益・引当金」と呼ばれているような項目を貸借対照表に記載するのに対して，資産・負債視角は，これらの項目を貸借対照表から排除する点，
(2) 期間利益算定に際して，収益・費用視角が収益と費用の対応を第一に考えるのに対して，資産・負債視角は，経済的資源およびその引き渡し義務の変動を第一に考える点，の2点をあげている[71]。

この『討議資料』の段階では，「資産・負債視角」による利益と「収益・費用視角」による利益の概念的差異は指摘されているが，まだ「包括的利益」と「稼得利益」[72]の概念は示されていない。それらが示されるのは，『公開草案』においてである。津守教授の論文によってその経緯をみると，「稼得利益」

---

(69) *Ibid.*, p. 39, par. 40.（同上訳書，55ページ）。
(70) *Ibid.*, p. 40, par. 42.（同上訳書，56ページ）。
(71) *Ibid.*, pp. 42-48, pars. 48-70.（同上訳書，59-69ページ）。
(72) ただし，the earning power of an enterprise（企業の稼得能力）という用語は使われている（FASB, *Discussion Memorandum, an analysis of issues related to Conceptual Framework for Financial Accounting and Reporting : Elements of Financial Statements and Their Measurement*, FASB, December 2, 1976, par. 38）。

(earnings)概念は1977年の『公開草案』に現れ，1979年『修正公開草案』においては，この概念に代わって「包括的利益」(comprehensive income)概念が提起される。しかし，「稼得利益」概念は留保された[73]。その後これは，ほとんどそのまま SFAC 第3号 1980年に受け継がれた[74]。

(2)「資産・負債視角」は貸借対照表から繰延・見越項目を排除できたか

SFAC が「資産・負債視角」を採った理由としては，FASB には，「取得原価主義の欠陥と限界を何らかの形で除去し，また，とくに貸借対照表能力を認めることができない諸項目，たとえば繰延項目など "paper assets" のうちのかなりの部分を貸借対照表から排除することによって，全く戯画化している貸借対照表に『リアリティー』と信頼性を取り戻し，『貸借対照表の復位（the revival of the balance sheet)』を実現するという課題が提起された」[75]と指摘されている。すでに『討議資料』においても，「収益・費用視角の支持者たちは，一期間における収益と費用の良好もしくは適切な対応を得るために，資産・負債視角の支持者たちが拒否するようなある種の項目を，通常，財政状態ないし貸借対照表に積極的に記載しようとする。かかる項目はしばしば『繰延費用』および『繰延収益・引当金』と呼ばれている」[76]と述べられている。

---

(73) 津守常弘「会計原則と利益概念―『包括的利益』概念と『稼得利益』概念に関連して―」『産業経理』Vol. 47, No. 4, 1988年1月，7-8ページ。

(74) SFAC では，包括的利益を採用したうえで，なお，稼得利益は，企業の主たる業績測定値として重要であるとし，稼得利益の内訳要素を認識するための指針として，収益利得については，「実現したまたは実現可能」と「稼得した」という指針をあげ，費用損失については，「便益の費消」と「便益の損失または欠如」という指針をあげる (No. 5, pars. 83-87)。しかし，基本的には資産・負債視角であるので，収益利得は資産の増加または負債の減少に，費用損失は資産の減少または負債の増加を前提とされる。したがって，ここでいう稼得利益は現行の稼得利益とは異なるものであると言える。SFAC においては，包括的利益のなかに，稼得利益が含まれて，重層的に利益情報が提示されることとなっている。

(75) 津守常弘「アメリカ会計原則設定史の歴史的教訓」『JICPA ジャーナル』No. 426, 1991年1月，43ページ。

このように SFAC が資産・負債視角を採り，包括的利益を採用するのは，「引当金」や「繰延費用」を負債・資産から排除したいからであるとされるが，はたして排除できるのであろうか。SFAC による負債の定義は，「過去の取引または事象の結果として，特定の実体が，他の実体に対して，将来，資産を譲渡しまたは用役を提供しなければならない現在の債務（present obligations）から生じる，発生の可能性の高い将来の便益の犠牲である」(No. 6, par. 35) とされている。そこでは，現在の債務が存在することが必要であり，ある種の引当金については，これによって負債から排除されうると考えられるであろう。しかしながら，この定義の脚注において，「この定義にある債務という用語は，法律上の債務よりも広い意味で使われている。それは法的または社会的に課せられる義務のこと，すなわちある人が契約，約束，道徳上の責任などによってしなければならないことをいうために，通常の一般的意味で用いられているのである。それは法的債務と同様に，衡平法上の債務および推定による債務を含む」(No. 6, footnote 22) と述べられている。さらにまた，第6号パラグラフ36において，法的強制力は負債の本質的な特徴ではないと述べられていることからみても，負債から引当金を排除しうるのかどうか疑問が残るのである。

また，SFAC の資産の定義においては，繰延費用（繰延資産）を資産から排除することに失敗しているのではないだろうか。その定義は，「資産とは，過去の取引または事象の結果として，ある特定の実体により取得または支配されている，発生の可能性の高い将来の経済的便益である」(No. 6, par. 25) とされている。繰延資産のうちたとえば開発費（具体的な例として新市場開拓のための広告宣伝費）についてみてみると，それは繰延資産でありながらしかもこの資産の定義を満たしている。広告宣伝費などの項目は，収益・費用視角のもとでは，それがいつの期間の収益と対応するのかということから当期の費用と次期以降の費用に

---

(76) FASB, *Discussion Memorandum, an analysis of issues related to Conceptual Framework for Financial Accounting and Reporting : Elements of Financial Statements and Their Measurement*, FASB, December 2, 1976, par. 51.

分けられ，次期以降の費用とされた部分については，次期に繰り越すために貸借対照表に計上されることとなる。これに対して，資産・負債視角では，広告宣伝費について，将来の経済的便益が実際に存在するかどうかが問題となり，そこに恣意性が介入する可能性があり得るのである。このように，SFAC が資産・負債視角を採る有力な根拠といわれているこれら問題点は，SFAC の定義においては解決されているとは思われないのである。

引当金，繰延資産を貸借対照表から排除するためだけなら，収益・費用の「発生」，「対応」概念についての理論的検討を行う方が正道ではないだろうか。

(3) 定義と測定の分離による問題

SFAC においては，財務諸表の構成要素の定義は，その認識・測定とは区別されて議論されている[77]。FASB『討議資料』は，資産・負債視角を採っても，それがただちに資産・負債の測定に影響を与えるわけではないと述べる。定義と認識・測定を分離することは可能であり，その意義も認められるが，どの様な視角を採り，どのような定義を採るかによって，少なくともどの測定属性を基本とするかには影響があると考えられる。たとえば，収益・費用視角による，犠牲と給付という観点から導かれる資産の定義と，資産・負債視角による，将来の経済的便益を本質的特徴とする資産の定義は，同じ測定属性を基本とすることはできないだろう。SFAC は，定義を単なる認識のための最初の一段階としてのみ扱い，そこから測定属性を導き出すものとしては扱っていない。

---

(77)「認識，測定および表示の問題はすべて，FASB の概念フレームワーク・プロジェクトにおいては財務諸表の構成要素の定義とは意図的に別にされている。本ステートメントにおける定義は，財務諸表の構成要素の本質的な特徴にかかわっている。概念フレームワーク・プロジェクトの他の領域は以下のような問題を扱っている。すなわち，いかなる財務諸表を提供するべきか，定義に基づいて資格を与えられたいかなる項目をそれらの財務諸表に含めるべきか，資産，負債，収益および費用などとしての資格を与えられた特定の項目をいつ財務諸表において正式に認識するべきか，これらの項目のどの属性を測定するべきか，いかなる測定単位を用いるべきか，含められた情報をどのように分類し，さもなければ表示するべきか，という問題である」(No. 6, par. 22)。

SFACは，財務諸表の構成要素を定義することによって，たとえば，資産とはどういうものかということが明らかにされれば，具体的な経済事実について，それが定義を満たさない限り認識・測定の問題は生じないと述べている。確かに定義を満たさないとされた項目についての認識・測定の議論はなくなる。しかし，そこには新たに，ある項目が資産の定義を満たしているかいないかについての議論が生じ，SFACの定義には「発生の可能性の高い将来の経済的便益」という表現が含まれていることから，定義を満たすか否かについて議論の余地が存在していると思われる。

さらにSFACにおいては，定義を満たしたあとにも測定の問題が残っている。それは財務諸表に正式に記載するか否かを決定する認識の段階で，測定可能性[78]という規準で登場する。測定可能性とは，SFACによれば，「当該項目が十分な信頼性をもって測定でき，かつ目的に適合する属性を有すること」(No. 5, par. 63)である。したがって，測定の規準となるものは，複式簿記の計算構造からの要請ではなく，また資産の本質もしくは定義からでもなく，「目的適合性」と「信頼性」であると言える。

このように，SFACにおいては，「意思決定有用性アプローチ」が，財務諸表の捉え方，構成要素の定義，財務諸表に正式に記載するか否かの認識規準，その測定属性の決定にまで浸透しており，一貫して，意思決定有用性の思考が貫かれている構成となっている点は，新しい試みであると思われる。しかし，このような定義と測定の分離は会計の計算構造を不明瞭にし，複式簿記との関連を希薄にするのではないか。この点については，次に資産・負債視角の計算構造を検討することにより考えてみたい。

---

(78) 「資産，負債または持分の変動は，十分に信頼性のある貨幣単位で数量化され，かつ目的に適合する属性を有していなければならない。測定可能性は，目的適合性および信頼性と一緒に検討されなければならない」(No. 5, par. 65)。

第3項 「資産・負債視角」による「利益」の計算構造

　資産・負債視角の計算構造がどのようなものかについては，定義自体がわかりずらく，定義と測定属性が分離されているところからもさらにわかりにくいところがある。そこで，ここでは，資産・負債視角の計算構造を収益・費用視角の計算構造と対比させることにより，その内容を明らかにしていきたい。

(1) 「収益・費用視角」の計算構造

　FASB『討議資料』においては，収益・費用視角と資産・負債視角は，財務諸表における2つの利益測定視角であるとしながらも，両者の違いを測定属性を含まないことを前提として議論している。すなわち，両視角での利益の定義は，収益が費用を上回った部分とするか，資産から負債を引いた純資産の変動のうち資本取引による変動を除いたものとするかの違いであるとする。もし，両視角における資産・負債・資本・収益・費用に含まれるものが同一であれば，両視角の利益は，同一のものとなる。そこで，資産・負債・資本・収益・費用は何を表すものと考えるかが問題となり，その定義が議論される。そして，SFAC においては，結論として資産・負債視角を採用するに至ったのである。

　このように，『討議資料』では，財務諸表の構成要素の定義に関する議論として，資産・負債視角と収益・費用視角を対比させているわけであるが，本節第2項（1）で指摘したように，収益・費用視角は，現行実務における利益測定視角としてとらえられており，現行実務に対する批判として資産・負債視角が提示されるという図式が採られている。したがって，収益・費用視角は，我が国における通説的会計観とほぼ同様のものであり，「意思決定有用性アプローチ」以前の伝統的会計理論における利益観と利益計算構造とをその背景として有しているものと考えられる。

　伝統的会計は，取得原価主義あるいは発生主義[79]による会計と表現されることが多いが，その基本的な本質としては，実現した収益に対して発生した費

---

(79) 発生主義の問題点については，次の文献を参照。町田祥弘「発生主義と原価配分」『商学研究科紀要（早大）』No. 36, 1993年。

用を対応させることにより，期間利益を計算するものであると言えるであろう(80)。伝統的会計のもとで，計算擬制的項目が資産・負債に含められるのは，それらが期間利益の測定において収益と費用の適切な対応のために必要な項目であるからである。それは，「収益と費用の適切な対応」という考え方が，計算擬制的項目を財務諸表に記載することを要求すると同時に，期間利益の測定の規範にもなっている。

伝統的会計のもとでは，企業の期間利益の測定が会計の中心目的とされ，その目的に最も適合する複式簿記を前提として，この複式簿記によって分類・集計された会計記録をもとに，決算期末において，実現した収益をまず確定しそれに対応する費用，すなわち，実現された収益をえるために犠牲にされた費用を確定し，その差額として期間利益が算定される。その場合に，期中の取引を記録・分類・集計するだけでは認識できないが，しかしその期に実現された収益を獲得するために犠牲にされた経済的価値を把握するために，その経済価値(の減少分)を費用として認識・測定する必要があり，それがしばしば費用の認識基準としての発生主義および対応原則といわれている。したがって，複式簿記は，会計の計算構造のなかの一部として，投下資本の回収剰余を計算するものとして，すなわち収益から費用を差し引いた利益を計算するものとして，機能しているという関係で表現できよう(81)。

(2) 「資産・負債視角」の計算構造

これに対して，『討議資料』は，収益・費用視角すなわち従来の発生主義会

---

(80) Littleton は発生主義会計について，「発生主義会計がもっている一般的目的は，これら企業目的と併行するものであり，3つの側面をもつ。すなわち，会計期間にしたがって収益の達成を明確に測定し，期間にしたがって達成された努力に対する費用を明確に測定し，またこの両者の相互関連性が明らかにされるように，期間的に両者を対応させる」と述べている。Littleton, A. C., *Structure of Accounting Theory*, AAA, 1953, p. 68.（大塚俊郎訳『会計理論の構造』東洋経済新報社，1955年，100ページ）。

(81) 高山朋子「企業会計の計算構造と自己資本の意義」『東京経大学会誌』No. 173, 1991年12月，113-119ページを参照。

第3節 SFACにおける「資産・負債視角」採用とその限界　33

計では「利益はほとんど主観的なものに止まる」[82]と批判し，それからの離脱を志向していたと思われる。では，資産・負債視角に基づくどのような計算構造を提示したのか。この点について，SFACは，独自の見解を示すことができず，後退していると思われる。『討議資料』において，資産・負債視角は連携した財務諸表における利益測定視角である（『討議資料』par. 33）と述べており，SFACでも財務諸表の構成要素は連携していると述べていることから，複式簿記を前提とすると解される。さらに，SFACにおいて，発生主義会計によるとしている。

SFAC第6号における発生主義会計に関する記述をみよう。まず，「発生主義会計は，ある実体によって現金が受領されたり支払われる期間においてのみではなく，むしろ，取引その他の事象および環境要因が発生した期間において当該実体に対して現金的結末を有する取引その他の事象および環境要因の当該実体に対する財務的影響を記録しようとするものである」（No.6, par. 139）と説明する。そして，「発生主義会計は，資源および活動に費やされた現金がその実体により多くの（またはより少ない）現金として回収されるプロセスに関連しているのであって，そのプロセスの最初と最後にだけ関連しているのではない」（No. 6, par. 139）とされ，ついで，「発生主義会計は，現金の収支のみを処理することによっては得ることのできない，実体の資産および負債ならびにそれらの変動についての情報を提供する」（No. 6, par. 140）と述べられている。このように発生主義に対する記述では，基本的に現金収支による会計との相違点が強調されるのみで，資産・負債視角による財務諸表との関係についての説明は見あ

---

(82)「これらの基本概念が明確に定義されない限り，期間利益は基本的には個人的見解の問題として処理されるのであって，個人的見解に依拠することによってはじめて，個々の状況において収益と費用が適正に対応しているかどうか，あるいは利益が個々の会計処理や対応手続を通じて歪曲されていないかどうかを判断することが可能となるのである」（FASB, *Discussion Memorandum, an analysis of issues related to Conceptual Framework for Financial Accounting and Reporting : Elements of Financial Statements and Their Measurement*, FASB, December 2, 1976, par. 66）。

たらない。

　ただ一ヶ所だけ，財務諸表と発生主義会計の関係について述べているところでは，「財務諸表の構成要素の定義に基づいて資格を与えられ，かつ認識および測定についての規準に合致する項目は，発生主義会計手続を用いて処理され，財務諸表に含められる」(No. 6, par. 134) とされている。ここでは，ある項目が，発生主義会計によるから財務諸表に含められるのではなく，その項目が認識規準を満たしているから財務諸表に記載されうるのであり，財務諸表に記載するために発生主義会計の手続が使用されるという論理になっていると理解される。財務諸表と発生主義会計のこのような関係は，伝統的会計理論におけるそれらの関係とは異なるものと考えられる。ただし，このような関係は，資産・負債視角からというよりは「意思決定有用性アプローチ」を採るところから導かれたものとも考えられる。すなわち，それは，情報利用者（「意図した利用者」としての投資家，債権者など）への有用な情報提供手段として財務諸表を重視することから，まず，財務諸表で何を伝達するかが問題であり，その目的のために必要な会計手続が利用されるということになるからである。

　SFACにおいては収益・費用視角から資産・負債視角への転換が，従来の発生主義会計や複式簿記に与える影響は特にないと考えられていると思われる。それは，第6号の次の記述にもよく現れている――「発生主義会計は，単に現金の収支を掲げる代わりに，ある期間の実体の業績を反映するように収益，費用，利得および損失を諸期間に関係づけることを目標として，見越，繰延および配分の諸手続を用いる。それゆえ収益，費用，利得，損失およびこれに関連する資産と負債の増減の認識――費用収益の対応，配分および償却を含む――が，実体の業績を測定するために発生主義会計を用いることの本質である。発生主義会計の目標は，収益，費用などが発生する期間に，取引その他の事象および環境要因の財務的影響が認識，測定されうる限り，これらが実体におよぼす影響を計上することである」(No. 6, par. 145)。

　この様な発生主義の説明は，資産・負債視角に固有のものとは考えられず，むしろ，収益・費用視角に立つ現行の会計実務および会計理論における発生主

義の説明としても十分成り立ちうるものである。資産・負債視角に基づいて発生主義を説明するならば，資産負債とそれらの増減を中心とした説明がなされるべきだと思われる。SFACの概念フレームワークには，資産・負債視角による利益の定義と発生主義会計による利益計算との矛盾が内在しているように思われる。包括的利益と稼得利益という2つの利益概念は，この矛盾の顕在化した姿であるという一面をもつのではないだろうか。

　以上のように，SFACにおいては，収益・費用視角から資産・負債視角への転換は，発生主義会計および複式簿記に何ら影響を与えるものではないと考えられており，それゆえ，その転換は，収益費用が何を意味するのかということについて，その差額の利益を資産負債に基づいて定義することにより，限定しようとする点だけであるといえる。しかしながら，利益を「一期間における営利企業の正味資源の増分の測定値である」とし，「資産・負債の属性およびそれらの変動を測定することが，財務会計における基本的な測定プロセスとなる」[83]と考え，さらに，財務諸表において報告される項目は，その項目の性質ならびに測定される属性の目的適合性および信頼性に左右されると述べていることから，発生主義会計の内容も複式簿記の必要度も収益・費用視角とは異なってくると考えられる。

　資産・負債視角の論理に従って，会計計算構造を考えてみるとどうなるのだろうか。資産・負債視角によれば，一定時点の実体の経済的資源を資産とし経済的資源を他の実体に引き渡す義務を負債としたうえで，当該資産，負債の属性を測定することにより，利益を計算する。

　当期利益＝（当期末の純資産－前期末の純資産）±（資本取引による増減）

---

(83)　FASB, *Discussion Memorandum, an analysis of issues related to Conceptual Framework for Financial Accounting and Reporting : Elements of Financial Statements and Their Measurement*, FASB, December 2, 1976, p. 38, par. 34.（津守常弘監訳『FASB財務会計の概念フレームワーク』中央経済社，1997年9月，53ページ）。

この場合，利益は当期中に生じた純資産の増加として測定され，さらにその純資産の増加は正味経済的資源の増加を意味するものとなっている。この計算は期末ごとに実在する経済的資源を直接認識・測定することにより行われうるので，期中の継続記録の必要性は収益・費用視角に比べれば減少すると言えよう。

この計算においては，費用収益の発生・実現ということよりも，決算期末に実在する経済的資源としての資産とそれを他の実体に引き渡す義務としての負債の決算期末における価額の測定が会計計算の中心となるだろう。資産・負債視角をその測定属性をも含む会計計算構造としてとらえると，そこでは従来の発生主義会計とは異なる，実在主義会計と名付けうるような，決算時に実在する経済資源とその引き渡し義務を認識し，決算時における価額（決算時における市場価格という意味ではなく，決算時において実在している資産の将来の経済的便益と決算時において実在している債務から生じる可能性の高い将来の経済的便益の犠牲として付すべき価額のことである）を測定するということが，利益計算における中心的関心となる。さらに，それに関連して，期中の複式簿記については，経済的資源そのものの増減を跡付けることが中心的関心となり，期末に実在する正味経済的資源を把握するための手段としての機能を果たすこととなると思われる。

第4節　本章のまとめと私見

本章では，FASB営利会計概念フレームワークの概念構成の基礎ともいうべき「意思決定有用性アプローチ」と「資産・負債視角」を中心に分析を行ったが，そこには，金融・証券市場からの要請に応えることを第一としたことから生じたと思われる一面性がみられた。すなわち，SFACとは「財務会計の諸概念のステートメント」のことであるが，その内容を見ると財務報告の目的，会計情報の質的特徴，財務諸表の構成要素，財務諸表における認識と測定というように，財務諸表作成時の問題に議論が集中している。これには，SFAC作成過程およびその作成方法について，アメリカ独自のあるいは国際的な経済的・政治

的影響や問題が存在することは，多くの論文で指摘されているところである。

　すでにみたように，SFAC は従来の会計様式を一変させることも可能な論理構成を採りながら，結果として現行会計様式をほとんど変更させない内容となっている。このことの意味を単に実務界からの圧力や会計の政治化現象によるものとみなすだけでなく，会計の計算構造がそれ自身持っている客観的論理としてもう一度よく考えてみることが必要である。それによって，会計の計算構造における複式簿記の意義と，その記録に含められている意味も明らかになるだろう。そこからさらに，会計が，意思決定のために本当に提供すべき情報は何かということについての理解も深まるものと思われる。

第2章

意思決定有用性アプローチの導入
―第一次フリーマン委員会報告書―

　本章では，FASBの会計概念フレームワークの方法論的基礎となっている意思決定有用性アプローチが，非営利会計研究へどのように適用されたのかを明確にするために，意思決定有用性アプローチに基づく最初の非営利会計研究であるAAAの第一次フリーマン委員会報告書を取り上げる。

第1節　AAAフリーマン委員会報告書の意義

　アメリカでは伝統的に様々な非営利組織の活動が活発に行われている。したがってまた，その会計の研究も盛んである。SFACは，企業会計だけでなく，非営利組織会計についても検討対象としているが[1]，非営利組織会計領域についてもその方法論的基礎として1966年のAAAのASOBATが提示した意思決定有用性アプローチをとっている。しかしながら，ASOBATとFASB非営利会計概念フレームワークを構成しているSFAC No. 2, 4, 6などとの間はストレートに結びついているわけではないように思われる。その間に，1966年か

---

(1) FASB, *SFAC No. 4 : Objectives of Financial Reporting by Nonbusiness Organizations*, December 1980. また，*SFAC No. 2 : Qualitative Characteristics of Accounting Information*, May 1980. および *SFAC No. 6 : Elements of Financial Statements,* December 1985. も非営利組織をその対象に含んでいる。さらに基準としてもFASB, *Statements of Financial Accounting Standards, No. 117, Financial Statements of Not-for-Profit Organizations,* 1993. など非営利組織を対象としたものが公表されている。

ら1974年にかけて，AAAが設定したR. J. フリーマン教授を委員長とする非営利会計に関する一連の3つの専門委員会報告書[2]が介在しているのである。本章では，この3つのフリーマン委員会報告書（以下，第一次，第二次，第三次と呼ぶ）のうち，第一次報告書の内容を検討するが，その前にまず，3つの報告書の相互関連を確認しておきたい。なお，第一次報告書は日本語訳文が出版されているが，第二次，第三次報告書には出版された訳文はない。

第2節　3つのフリーマン委員会報告書の相互関連

AAAの常務委員会が「フリーマン委員会」を設置した動機は，ASOBATが提起した営利会計と非営利会計の間隙を埋めるという作業を具体化することであった[3]。そのことは，第一次報告書のなかで次のように述べられている。

---

(2) 第一次フリーマン委員会報告書 "Report of the Committee on Accounting Practices of Not-for-Profit Organizations [1966-70]," *The Accounting Review*, Supplement to Vol. XLVI, 1971, pp. 80-163.（法政大学会計学研究室訳『アメリカ会計学会 基礎的会計理論の展開』同文舘，1973年，211-343ページ。なお，本書での訳文は訳書通りではない）。

第二次フリーマン委員会報告書 "Report of the Committee on Not-for-Profit Organizations, 1972-73," *The Accounting Review*, Supplement to Vol. XLIX, 1974, pp. 224-249.

第三次フリーマン委員会報告書 "Report of the Committee on Nonprofit Organizations, 1973-74," *The Accounting Review*, Supplement to Vol. L, 1975, pp. 1-39.

(3) 「本報告書〔ASOBAT〕は，利益を目的とする企業だけでなく，個人，受託者，行政団体，慈善事業その他これに類似する実体の活動にも適用することを考えている。〔中略〕この報告書は営利企業の例を用いているので，基本的には営利企業を志向しているようにみえるかもしれないが，意見と勧告はすべて，他の目的をもつ組織〔飯野利夫訳では非営利の組織体〕にも同じように適用できる」。Committee to Prepare a Statement of Basic Accounting Theory, American Accounting Association, *A Statement of Basic Accounting Theory*, Evanston, Illinois : The Association, 1966, p. 2.（飯野利夫訳『アメリカ会計学会 基礎的会計理論』国元書房，1969年，2-3ページ。傍点は引用者による）。

すなわち,「AAA 常務委員会は,ASOBAT 作成委員会の見解に同意して,次の3つの基本的任務をもつ非営利組織の会計実務に関する委員会を設置した。その任務は,非営利組織の会計実務を再検討すること,1966年のASOBAT で示された会計情報のための諸基準の見地からそれら会計実務の功罪を評価すること,1970年代における内部・外部情報報告の形式と内容についてさらなる改善のための指針として役立つような変更案を提示することである」(第一次報告書 p. 83)(4)。ここからもうかがわれるように,フリーマン委員会は,営利会計と非営利会計の異質性,独自性を強調するそれまでの主流的諸見解に対して,両者の同質性と共通性を見出そうとしている。具体的には,営利会計に学ぶことによって非営利会計をより有用なものにしようとしているとも言いうる。例えば,減価償却をはじめとする発生主義の導入の主張はその主要なものである。

　三次にわたる委員会は,フリーマン委員長の下,委員のメンバーを毎回かなり入れかえながら,1971年から3年ないし1年の間隔をおいて報告書を公表した。その概要と相互関連は次のようなものである。

　第一次フリーマン委員会報告書1971では,まずASOBAT を理論的基礎としていることが説明され,非営利組織の定義や営利組織との類似点と相違点が指摘された後,当時の非営利会計実務の状態の紹介,および問題点の検討がなされ,それに対する委員会の勧告が表明される。主な論点としては,基金会計,予算会計,会計基準,固定資産と減価償却,負債,原価計算,報告がとりあげられている。この報告の主な特徴としては,ASOBATの提案に依拠していること,発生主義会計の導入を強調していること,および1つの非営利組織の中における複数の基金会計を連結する報告書の作成と開示を勧告していることなどが指摘できる。これらの特徴は,第二次フリーマン委員会報告書へ引き継がれている。

（4）　本書では,第一次,第二次,第三次フリーマン委員会報告書からの引用は,本文中でそれぞれ,（第一次報告書 p. xx）,（第二次報告書 p. xx）,（第三次報告書 p. xx）と表示する。

第二次フリーマン委員会報告書1974では，非営利組織の活動を事業型活動と行政型活動に分類し，それぞれの活動ごとの考察が必要であることが強調された後，非営利会計および報告の問題点が検討されている。非営利会計および報告については，その役割と範囲，財務管理と会計責任情報，経済性，効率性および有効性についての情報などが検討されている。そのなかには，適切な会計報告実体は何かという問題（基金会計と連結報告に関する問題）や何が測定されるべきかという問題（収益費用の測定に関する問題）も含まれている。この2つの問題は，第三次報告書でさらに詳しく検討される。

第三次フリーマン委員会報告書1975では，非営利組織の財務報告の利用者およびその利用（情報ニーズ）の識別が行われた後，それに基づいて非営利会計における測定問題および実体問題が議論されている。測定問題については，測定されるべき経済活動の本質は何か，また現在なされている測定，およびその満足度などが検討され，とくに，収入支出の測定に加えてコストと便益の測定の必要性が強調されている。実体問題については，連結報告の必要性が検討された後，試験的に連結基準が提示され，連結報告書の実例が示されている。特徴的なのは，前の2つの報告書以上に，「意思決定有用性アプローチ」が強調されていること，すなわち，情報利用者の意思決定に有用な情報を提供するという視点から議論が行われていることである。

以上のような特徴と相互関連をもつ一連のフリーマン委員会報告書について，まず，本章で，第一次フリーマン委員会報告書を検討し，つづいて，次章で，第二次，第三次，フリーマン委員会報告書を検討する。

第3節　第一次フリーマン委員会報告書の特徴

この報告書は，1.序論 2.勧告の要約 3.非営利会計の環境 4.固定資産の会計 5.負債 6.原価計算 7.報告 8.付録の8章（84ページ）から構成されている。非営利会計の検討について，「従来，AAAは非営利領域における原則または実務についての勧告を公表したことがない。AICPAもはっきりした形で，非営利の

領域だけを取り上げたことはない」ので,存在するのは非営利組織の個々の団体が独自に作ったガイドラインだけであるとして,フリーマン委員会が参照した主な諸ガイドラインをあげている[5](第一次報告書 p. 84)。しかしながら,非営利組織における現実の実務はそれらガイドラインが提案しているものとは,しばしば非常に異なるものであることが指摘される。そこで報告書は,まず非営利会計の環境について述べた後,主要問題(固定資産,負債,原価計算,報告)ごとに,まず実務の状況を説明し,次いでその評価を述べ,最後に委員会の勧告を示すという構成になっている。

「序論」では,ASOBAT が提示した会計の諸目的,会計情報のための諸基準,会計情報の伝達のための諸指針が引用されている。すなわち,会計の目的は次のような諸目的に対して情報を提供することであるとして,「① 限りある資源を利用することについて意思決定を行うこと。これは最も重要な意思決定の領域を確定しまた目的や目標を決定することを含む。② 組織内にある人的資源

---

(5)　1. Federal Government – The Comptroller General of the United States of America, *Accounting Principles and Standards for Federal Agencies*. Washington : United States Government Printing Office, 1965.（With 1968 Revisions）

2. Other Governments – National Committee on Governmental Accounting, *Governmental Accounting, Auditing, and Financial Reporting*. Chicago : The Municipal Finance Officers Association, 1968.

3. Hospitals – American Hospital Association, *Chart of Accounts for Hospitals*. Chicago : The Association, 1966.

4. Colleges and Universities – American Council on Education, *College and University Business Administration*, Washington, D. C., 1968.

5. Public Schools – Association of School Business Officials, *Statement of Accounting Principles and Procedures for Public School Districts*. Evanston, illinois : The Association, 1963.

6. Health and Welfare – National Health Council and National Social Welfare Assembly, *Standards of Accounting and Reporting for Voluntary Health and Welfare Organizations*. The Council and Assembly, 1964.

および物的資源を効率的に指揮, 統制すること。③ 資源を保全し, その管理について報告すること。④ 社会的な機能および統制を容易にすること」[6]を引用している。そのうえで, 会計情報を意思決定に有用なものとするための基準, すなわち, 目的適合性, 検証可能性, 不偏性および量的表現可能性の4基準が示されている。会計情報の伝達についても ASOBAT で提示された次の5つの指針があげられている[7];

(1) 予期された利用に対する適合性
(2) 重要な関係の明示
(3) 環境的情報の付記
(4) 会計単位内部および相互間の実務の統一性
(5) 会計実務の期間的継続性

「序論」ではさらに, 委員会が直面した最も重要な問題として,「すべての非営利実体を取り上げるか, あるいは選択したいくつかのものだけを取り上げるか」(第一次報告書 p. 85) という検討対象の範囲の問題に触れている。そして, いずれのアプローチも明らかな制約があるが, 委員会は非営利組織のすべてのタイプを含むことを選択したとしている。その理由は,「① 一般的な概念があるか否か, または全ての会計領域を統合する中枢神経があるか否かを識別すること, ② この報告書が非営利組織の二, 三のまたは選ばれたタイプだけを取り上げているという誤解を避けること, ③ 会計思考の比較的未発達なこの分野に対する会計人の研究心を刺激すること」(第一次報告書 p. 85) を期待するからであると述べている。

第一次報告書の特徴としては, ASOBAT を理論的基礎としていることに加

---

(6)　Committee to Prepare a Statement of Basic Accounting Theory, American Accounting Association, *A Statement of Basic Accounting Theory*, Evanston, Illinois : The Association, 1966, p. 4.(飯野利夫訳『アメリカ会計学会 基礎的会計理論』国元書房, 1969 年, 5-6 ページ)。

(7)　*ibid.*, p. 7.(同上訳書, 12 ページ)。

えて，非営利組織の営利組織との類似点が強調され，非営利会計における予算システムの欠陥を補うものとして発生主義会計の導入が一貫して主張されている点をあげることができる。それはとくに，固定資産や原価計算についての議論において強調されている。その際，費用の認識・計上の必要性は強く主張されているのに対して，収益についてはほとんど言及されていない。

　もう1つの特徴として，連結報告書の作成が主張されている点，すなわち，基金ごとだけでなく組織全体を把握できるような会計と報告の必要が主張されている点があげられる。

　上記の主張は，「大部分の非営利組織の現在の会計実務および報告実務は，ほとんど排他的に，年度単位の個々の基金実体のための法律的な現金会計責任（dollar accountability）から発展したものおよびそれに焦点をあてたものであり，しばしば目的適合性と不偏性を欠き，また ASOBAT において提案されたような会計の諸目的を適切に満たすものではない」（第一次報告書 p. 86）という認識に基づいている。

　以下，その内容を見ていくこととする。

第4節　非営利会計の環境

第1項　非営利組織の定義— NFPO と NPO の区別—

　ここで注目すべきことは，第一次報告書では，いわゆる非営利組織について not-for-profit organization（以下 NFPO）と non-profit organization（以下 NPO）を明確に区別していることである。

　NFPO の定義について，第一次報告書は次のように述べている。「営利と非営利へ分類する区分の普通の基準は，意図的または意識的利益動機が存在するかしないかである。委員会は，この区別は必要なものであるが，いくつかの non-profit 実体は，委員会が後で示すような not-for-profit 組織ではないので，不十分であると結論する」（第一次報告書 p. 94）。

　すなわち，第一次報告書は，NPO を広義に，NFPO を狭義に解する。そし

て，本来の非営利組織は，後述のような（1）〜（4）の定義を満たすものであり，これをNFPOと呼び，検討対象としている。これに対して，その定義を満たさないものは，単なるNPOであるとして，検討の対象外としている。第一次，第二次報告書のタイトルでも，NFPOが用いられている。ところが，第三次報告書になると，NFPOがNPOと呼びかえられ，その理由についての説明は見られない。また定義や対象範囲についての変更もない。この点については，次章第8節でとりあげたい。

このようなNFPOとNPOの区別に続けて，第一次報告書は次のように定義する。「同様に重要な特質の区別は，それぞれの組織の持分権の性質に見られる。つまり，もし組織が，それの分離可能な株主の直接の財務的便益のために活動するならば，たとえ組織の正味財産それ自体を増加させる意図がなかったとしても，それは"利益追求"である。委員会によって認められた有効な定義は，非営利 not-for-profit 組織とは以下のようなものである。

（1） 意図的または意識的利益動機がないもの
（2） 個人的にまたは個別的に所有された持分割合（証券）または持分権がないもの
（3） 持分権が売却されたり交換されたりしないもの
（4） 元本の拠出者または後援者から直接または比例して財務的便益を要求されないもの。

この定義はたとえば以下のような組織の大部分を含む。

① 大学
② 宗教団体
③ 病院
④ 任意の保健福祉機関
⑤ 慈善団体
⑥ 政府

しかし，たとえば以下のような組織は除かれる。

① 協同組合

② 労働組合
③ 同業者団体
④ ゴルフ・カントリークラブ」(第一次報告書 pp. 94-95)。

以上のように，第一次報告書は非営利組織 NFPO の定義に際して，意識的利益動機がないという特質に加えて，組織の持分の特質に注目していることが特徴的である。(本章で本報告書に関連していう「非営利組織」とは，NFPO を原語としている)。

第2項　営利組織との類似点と相違点

第一次報告書は，「営利企業と非営利組織の類似点の大部分が見逃されており，相違点が強調されすぎている」(第一次報告書 p. 86) とし，以下のような 6 つの類似点を指摘する (第一次報告書 p. 96)。

(1) 両組織とも，その目的を達成するために同種の資源を利用し，同じ経済的システムの一部分として活動している。
(2) 両組織とも，それぞれの財貨・サービスを産出するために，希少資源を取得し転換しなければならない。
(3) どんな組織でも管理するための経営プロセスは，本質的に類似したものであろう。
(4) 両組織とも，その組織が経済的資源を利用する方法を計画，管理，評価するための適切なデータを管理者や他の利害関係者に提供するために，会計システムを含む情報システムを開発し利用しなければならない。
(5) 両組織にとって利用可能な資源は，寄付にせよ，投資にせよ，あるいは他の方法で得られるにせよ，希少なので，能率的で適切な資源の使用を保証するための最低原価分析やその他の管理の必要がある。すなわち，どちらの組織にも "業務会計責任" (operational accountability) がある。
(6) 非営利組織の多くの生産物・サービスは，営利組織によっても生産され，または提供される。

他方，相違点としては，第一に両者の存在理由の違いを指摘する。すなわち，

非営利組織は，一般に，特殊な財貨・サービスの供給のために必要であると社会が判断したことによって存在する。したがって，非営利組織は，採算を度外視することがありうる。これに対して，営利組織は，利益の追求が存在理由である。また，この相違は資金の源泉の違いに関連する。営利組織の資金は，利益を求める持分所有者から，または還流する収益から直接に得る。非営利組織の資金は，組織の種類によって異なるが，ある種の組織は社会からの寄付や税金により提供される。そのため，非営利組織は営利組織よりも社会から厳重な管理を受ける。その結果，非営利組織の会計は営利組織の会計が果たしている外部報告と内部管理という役割に加えて，法律や寄付者などの指示による制限の遵守を確保するために，また，一般大衆にそれを報告するために，基金会計および予算会計が必要であると結論づけられている[8]（第一次報告書 pp. 96-98）。

第3項　基金会計── Fund Accounting ──

基金とは，この報告書が引用する全国政府会計委員会（National Committee on Governmental Accounting：NCGA）の定義によれば，「独立の財政および会計実体であり，それは，特別の規制・拘束または制約に従って，ある目的を達成するためまたは諸特定活動を遂行するために分離されており，現金およびその他の財務資源とそれらに関連する全ての負債および残余持分または残高およびそれらの変動を記録する一組の独自均衡の勘定を伴うもの」（第一次報告書 p. 98）である。

基金は，資源のグループという側面と独立した財政および会計の実体という両側面をもち，法律や許認可規定または道義的制約や管理的必要に基づいて分離設定されている（第一次報告書 p. 98）。非営利組織では，基金ごとに分離した年度単位基準の会計が利用されており，個々の基金または勘定グループの現金会計責任（dollar accountability）に関する情報が利用されている。

（8）　ここで相違点としてはっきりと触れられていないのは，利益追求目的が会計に与える影響についてである。

第4節　非営利会計の環境　49

　第一次報告書は，基金会計やその報告実務について，次のような問題点を指摘する。すなわち，「各基金を分離することによって，財務諸表が全体としての実体の財務諸表ではないものとなっている。さらに正確に言えば，財務報告が，個々の基金や基金グループまたは関連した基金や勘定グループの"現金会計責任"に関する財務情報をそれぞれに表す一連の財務諸表から構成される。このような状況では，財務報告は，単なる部分集合内部での取引の要約になり，業務実体全体にわたる活動，業績および状態の表現とはならない。全体としての実体のための単一の業務報告書がないことおよびその財政状態を示すための単一の所有者勘定が欠如していることは，非営利組織の業務の評価と管理において不都合でありうる」（第一次報告書 p. 99）。そして，「このタイプの情報〔基金を基礎とした"現金会計責任"に関する情報〕は基金実体を創設する当局の法的要求を満たすために必要不可欠のものであるけれども，現行の非営利組織の会計・報告実務は，全体としての業務実体に関する考慮を除外して，個々の基金側面に過度に焦点があてられている」（第一次報告書 p. 87）と結論する。

　この結論に基づいて，「基金単位基準の会計報告書の有用性には限界があるので，全体として複合業務実体にとって適切な情報を提供するような方法で，基金を結びつけそして，基金情報を総合または連結する追加的な補足報告書の開発に注意が向けられることが望ましい」（第一次報告書 p. 99）とする。

　以上のように，第一次報告書は基金会計・報告を批判しつつも，その必要性も認めることから，その改善の方向として，基金会計に加えて組織全体としての情報を提供しうるような財務報告書の作成を求めている。その具体的な方法が連結財務諸表（consolidated financial statements）の作成である。

第4項　予算会計の欠陥

　営利会計では利益の測定によってその管理が遂行されるが，利益追求動機をもたない非営利会計では，それに代わる管理手段が必要となる。非営利会計における予算および予算会計システムは，本来，そのような基本的かつ重要な管理手段である。法的観点からみれば，それは割当予算額（appropriation）の超過

消費，未承認の目的への資金の消費，資源の誤った流用，守るべきシステムからの逸脱などをあらかじめ阻止するためのものである。また，予算システムは，資源の素材的管理の維持・報告にも，一般的に役立つものである。

　しかしながら，業務管理の観点からはきわめて不十分なものである。なぜなら，非営利会計では，予算システムを1年ごと・基金ごとの現金予算受託責任（budgetary dollar stewardship）の測定に一方的に限定して，実体の業務会計責任（entity operational accountability）に注意を払うことはほとんどないからである。委員会は，予算システムが当事者たちによって巧みに利用されてきたと指摘している。たとえば，予算は，必要とされる財貨・サービスへの希少資源の転換において達成されるべきアウトプットすなわち結果よりもむしろ，単に予想される現金収入と承認されたインプットすなわち現金消費を基礎とするものとなり，非営利組織の理事や管理者によって，資金を獲得する手段とみなされるようになっている。他方，議会や評議員会は，予算システムを計画→管理→評価の補助手段としてよりは，単なる統制用具とみなしている。また，予算は「継続事業」ではなく単年度毎の「解散事業」のように作成される。さらに，現在の予算会計について，原価および費用についてのデータが欠如していることや資本取引と収益取引との区別が欠如していることが問題点として指摘される（第一次報告書 p. 101）。

　第一次報告書は，予算および予算システムのこのような欠陥と現状を深く憂慮して，この欠陥こそ本報告書で指摘した多くの問題点の根源であると述べている（第一次報告書 p. 101）。したがって，第一次報告書の諸勧告は，このような予算システムの欠陥を克服するための代替的方策を模索しているものであるとみることができる。その方策とは，基本的には，「予算受託責任会計」から「業務責任会計」への転換であり，そのためにはまず，非営利組織を継続事業（going concern）であると認識すること，そして，現金主義を脱却して発生主義会計を取り入れること，予算の作成・執行・評価のプロセスで原価計算を基礎とすること，さらには利益に代わりうる業績基準・効率基準を発見することが要請されている。そのために原価および費用についてのデータが必要とされるのである。

第5節　発生主義会計の導入——減価償却を中心に——

第1項　固定資産会計の問題

　第一次報告書は，非営利組織の固定資産に関して，① 目的適合性，② 検証可能性，③ 不偏性，④ 量的表現可能性という，会計情報を意思決定に有用なものとするための諸基準に照らして，その取得時，使用期間中，および処分時の妥当な会計を検討する（第一次報告書 p. 107）。なかでも重点は，固定資産使用期間中の減価償却と個々の基金を組織全体として把握する必要におかれている。このことは，すでに指摘した発生主義の導入のためには，支出を伴わない費用である減価償却の問題が最も重要だからである。

　固定資産の取得時における問題点として，① 固定資産が正式に資産計上されないとき，あるいはそれが資本的支出の行われた基金とは別な基金あるいは勘定グループで資産計上されたとき，報告においてしばしば費用として計上されること，② 贈与，寄付あるいは遺産によって受け入れた資産をしばしば会計計上していないこと，の2点をあげている（第一次報告書 p. 88）。固定資産の取得時にこのような会計処理を行うことは，その後の使用期間中の減価償却による費用認識を誤らせることになることから，第一次報告書は，固定資産の取得を適正な基金において記録すべきこと，無償で取得した資産には適正な市場価格を付すこと，基金間の関係を明瞭に示し，組織全体としての整合性を保つような会計処理を勧告している（第一次報告書 p. 110）。

　さらに，第一次報告書は，非営利会計における減価償却の是非について，反対意見と賛成意見を詳しく調査している。

第2項　減価償却反対派の論拠

　第一次報告書は，「非営利組織会計の歴史は，勘定や財務諸表において減価償却を認識することの妥当性をめぐる議論に満ちている」（第一次報告書 p. 110）として，これが以前から大きな争点となっていることを指摘する。そして「20

世紀の初期には,固定資産の減価償却はしばしば勘定に計上されていた」(第一次報告書 p. 110)が,今日では,普通行われていない現状を説明する。すなわち,1968 年の NCGA 報告書が「一般固定資産[9]の減価償却は一般会計記録に記録すべきではない」として,「事業の特質が収益性考慮を欠いている場合に,正式の会計帳簿に一般固定資産の減価償却を記録することは,財務諸表および財務報告における本質的な情報目的に役立たないだけでなく,そのような財務諸表および財務報告の利用者を実際には誤解させることになりうる」と述べていることに注目している。このように当時は,減価償却反対派が優勢であった。

第一次報告書は,主要な反対論拠と副次的な反対論拠を,それぞれ 5 つずつ次のようにまとめている(第一次報告書 pp. 112-113)。

主要な反対論拠

(1) 非営利組織の目的は,サービスを提供することで,利益を生み出すことではない。したがって利益を決定する必要はなく,利益決定のための減価償却も必要ない。

(2) 非営利会計の目的は,現金および現物(dollar and item)会計責任を確立することである。予算は,受取・支払(receipts and disbursements)または収入・支出(歳入・歳出)(revenue and expenditure)に基づいて作成されるので,費用(expenses)ではなく支出(expenditures)が目的適合的な会計情報と考えられる。予算化されていない減価償却費を含めることは,基金単位基準の予算との比較を歪めることになる。

(3) 減価償却に対する以下のような様々な理解。

① 資産の"価値"は机上の論理で,重要な問題は"それがいくらしたか"である。

② 資産は良好な状況で維持されている限り減価しない。

③ 資産の取り替えが意図されないときには,減価償却を記録する必要は

---

(9) 独立採算基金によって所有されていない固定資産を指している(引用者注)。

    ない。
    ④ 税金や手数料などが，総原価（full cost）を回収するように設定されていないとき，減価償却の記録は意味がない，等。
(4) 減価償却費を計上することは現世代に二重負担を課することになりうる。
(5) 資産は主として過去の管理者から引き継いだものであるから，当期にその原価の一部を賦課することは妥当ではない。

副次的な反対論拠（第一次報告書 p. 113）。
(a) 減価償却を行うことによって欠損が生じうること。
(b) 貸借対照表は，営利会計においては主に信用目的で利用される。非営利組織への貸主は，回収可能性よりも徴税当局または収入の安全性に注目しているので，減価償却は記録される必要がない。
(c) 資産取得の記録が不十分または存在しないので，減価償却を正確に計算することが不可能。また，資産の耐用年数の正確な見積が困難である。
(d) 減価償却を勘定に正式に記入しなくても，原価計算を行うことができる。
(e) 複数の基金が存在する構造の中に減価償却費を記入する論理的なまたは首尾一貫した方法がない。（ある基金が取得した資産を他の基金または勘定グループが利用することがある。）

そのほか，(イ) ホワイトハウスや自由の女神像の減価償却を報告することは何の役に立つのか，(ロ) 市民，立法当局，債権者など誰も減価償却に関心をもっていない，(ハ) 減価償却計算の費用はその便益を上回るであろう，などという反対意見も紹介されている（第一次報告書 pp. 117-118）。

報告書では，これらに反駁する形で次のような非営利会計における減価償却を支持する論拠を示している。

第3項　減価償却を支持する論拠

支持の論拠としては，主要な論拠が8つと副次的な論拠が4つあげられてい

る（第一次報告書 pp. 113-116）が，その主なものを紹介する。

主要な論拠
(1) 非営利組織の目的が利益ではなくサービスであることは疑いない。しかしながら，利益動機が存在しないこと，または純利益決定の必要がないことは，必ずしも資源の利用可能性と有用性の決定および報告を排除するものではない。実際に，それらの測定は営利的実体よりも非営利的実体にとってより重要であろう。非営利組織の活動の効率，すなわちその実体の業績を測定しようとするなら，非営利組織における総費用または"経常費"（cost of doing business）の適切な決定と管理が必要である。
(2) どのような組織でも会計の目的は，単に現金支出または現物会計責任の結果の開示だけでなく，全資源の受託責任の結果を開示することである。全資源の利用についての報告を行うために減価償却が必要である。
(3) 非営利組織の経済状態に変動を与える全ての要因が財務諸表に反映されるべきである。減価償却とは，サービスポテンシャルズの（価格づけられた）原価をそれが費消された会計期間にわたって配分することであるから，減価償却を行わなければならない。
(4) 反対論者の誤解について。
① 減価償却計算は原価配分のプロセスであり，評価のプロセスではない。
② 減価償却と資産維持の問題は同一ではない。
③ 資産を取り替えるか取り替えないかの判断は，資産のサービスポテンシャルの消費とは関連性がない。
④ 原価測定の機能は，税や価格または料金設定とは別に考慮されるものである。
(5) 発生主義会計を導入するためには，減価償却を行うことが必要である。

副次的な論拠（第一次報告書 p. 116）。
(a) 減価償却を行わないことが結果として非営利組織の原価計算の発達を妨げている。
(b) 貸借対照表は，単に貸付の基礎になる計算書ではなく，財政状態の計

算書である。
  (c) 減価償却費は，妥当な正確さで測定されうるし，営利会計においては測定されている。
  (d) 複数の基金が存在する構造の中に減価償却費を記録する際の技術的問題は克服されうる。

このほか，前記の減価償却反対論に対応させて，いくつかの追加的支持論拠もあげられているがここでは省略する。

第4項　委員会の見解

第一次報告書は，非営利会計は，法的要求を満たすための基金会計および予算会計に加えて，可能な限り全経済的資源の状態の変動を測定することを試みるべきであるとして，以下のように勧告する（第一次報告書 pp. 118-119）。

  (1) 非営利組織の会計記録および関連報告書は，適切な減価償却技術によって，サービスないし期間へ配分された資産の使用原価または消費原価を開示すべきである。
  (2) 減価償却計算は，資源のための会計の必要不可欠な部分として認められるべきである。

第6節　原価に基づくデータの必要性

第1項　原価計算が利用されない理由

第一次報告書は，非営利組織において原価計算[10]が利用されていない背景として，歴史的にほとんどの非営利組織の会計および報告が，主として個々の基金を基礎にした予算や他の法的制限に従って発展してきたことを指摘する。そこでは能率性よりもむしろ遵法性が強調され，組織全体の目的よりもむしろ個々の基金実体が強調されることになる（第一次報告書 p. 127）。非営利組織の実務において原価計算が未発達である原因について，報告書は次のように分析している（第一次報告書 pp. 132-133）。

(1) 予算および支出承認が、原価の見積りによってではなく、支出または債務の発生に基づいて行われ、業務の実行と会計・報告は、支出承認規定に応じて行われることになる。この結果、経営者は当期の支出承認額が使い果たせなければ、次期の支出承認額が減額されるだろうと考え、能率や原価意識よりも、消費することに重点をおくことになる。
(2) 非営利組織が産出するアウトプット（教育や保険、その他の政府のサービス）は、金銭的評価を定めることが困難な場合が多い。
(3) 業務会計と固定資産の会計が分離されていることから、減価償却費は当期の運営費用としないという考え方や原価計算システムに減価償却費をとり入れることは困難であるという考え方が助長された。
(4) 原価計算の費用が、情報の生み出す潜在的な便益よりも大きいのではないかという懸念、等。

以上のようなことから、一部の非営利組織を除いて原価計算は利用されてこなかった。非営利組織における原価計算の採用は、患者からの料金収入に頼っている病院の料金設定目的のためから始まったものである。

第2項　原価計算の重要性

第一次報告書は、非営利組織においても、経営計画および組織や業務の管理に原価計算が貢献するものであり、また発生主義会計を導入するためには、支

---

(10) 第一次報告書は、原価計算を「製品、サービスまたは活動の原価を算定する技術」と定義している。そして、「経営計画および組織や業務の管理に、直接貢献するように歴史的原価、未来原価、機会原価を経営に提供する方法として取り入れられるべき」であり、「原価計算を利用することは、予算編成、原価分析、標準原価との比較および計画原価に関連する実際原価または歴史的原価と比較するということを含んでいる」と述べている（第一次報告書 p. 126）。

当時の非営利組織で利用されていた原価計算の例としては、病院の場合、患者1日あたりの原価、病棟または部門に割り当てられた原価、食事1食あたりの食費などの単位原価の計算があげられている（第一次報告書 pp. 127-128）。

出ではなく費用が認識されなければならないので，原価計算が必要であると考えている。さらに，第一次報告書は，次のような理由から営利組織以上に原価計算が重要であることを指摘している（第一次報告書 p. 127）。① 社会全体の利害が関係していること。② 規制装置または業務効率性の尺度としての利益動機が欠如していること。③ 経営の効率性をたえず評価する株主のような"経済的利害関係者"が欠如していること。および④ いくつかの非営利組織（とくに政府）は，収入強制力をもっており，たとえ非能率的なものでも自己存続が保証されていること。

　第一次報告書は，原価情報が非営利組織の有効な管理にとって欠くことのできない重要な情報であることを強調し，「① 組織の総費用の算定，② 機能別または活動別の原価の算定，③ アウトプットの測定可能単位の単位原価算定，のそれぞれを可能にする発生主義データの作成」を勧告している（第一次報告書 pp. 134-135）。

第7節　非営利組織の財務報告

　財務報告(11)に関しては，ASOBAT の指摘を受け継いで，外部報告だけではなく内部報告もその対象とされている。この特徴は第二次，第三次報告書にも引き継がれる。

---

(11)　第一次報告書では，非営利組織において作成されている財務報告書について，発生主義会計を採用している病院の場合とそれ以外の非営利組織の場合とに分けて示している。病院の財務報告書としては，① 基金ごとの財政状態計算書，② 基金ごとの内訳欄を設けた連結貸借対照表，③ 損益計算書，④ 付属明細表，⑤ 予算・実績比較収入支出計算書，をあげている。これに対して，自治体，大学，その他大部分の非営利組織の財務報告書としては，①（業務報告書として予算と実績を比較する）源泉別収入および機能別支出計算書，② 基金ごとの貸借対照表，だけしか作成されていないとし，この点をとくに問題としている（第一次報告書 pp. 135-136）。

第 1 項　ASOBAT の諸基準からみた非営利組織財務報告

ASOBAT は，会計情報を意思決定に有用な情報とするための基準として，①目的適合性，②検証可能性，③不偏性，④量的表現可能性，の4つを示していた。第一次報告書は，報告実務をこれら4つの基準に照らして評価し，その欠陥を指摘している。

まず，目的適合性の基準について，意思決定有用性の観点から，非営利組織は，「病院分野を除いてどのように有効にまたは能率的に資源が利用されたか，またはどのようにそれらが最も（またはより）能率的に利用されるべきかということ」の報告にほとんど注意を払ってこなかったことを批判する。さらに,「組織に対する全体の会計責任をほとんど完全に除外して，基金実体の会計責任のみを強調している」ことを問題としている。以上のように，意思決定有用性の観点から，資源に対する会計責任の遂行状況が報告されていないという点と，組織全体としての会計責任の遂行についての報告がなされていない点を批判している（第一次報告書 p. 137)。

検証可能性の基準については，「非営利組織の報告にも，営利組織の報告と同じ基準が適合するだろう」（第一次報告書 p. 137）と述べ，検証可能な報告の確立を要求している。

不偏性の基準については，資本項目と収益項目との区別をしないことから生ずる偏向として，「収入支出（revenues and expenditures）計算書がしばしば業務計算書として特徴づけられ，利益追求企業の損益計算書に相当する報告書として誤って読まれている」ことが指摘される。また，偏向性の例として，多くの非営利組織の経営者が収入と支出の差額が大きいことはよくないと考えていることから，様々な恣意的な支出調整が行われていることが指摘されている（第一次報告書 p. 138)。

第4の量的表現可能性の基準については，営利企業の場合には，目的が達成された程度は利益によって表現されるが，「非営利組織の目的は，社会にとって有益であると考えられる財貨またはサービスの有効で効率的な供給なので，収入（revenues）と支出の差額または収益（income）と費用の差額は比較的重要

ではないと考えられている」ことが指摘される。では，非営利組織の場合には目標の達成をどのように量的に表現するのかが問題となる。第一次報告書は，非営利組織が提供した財貨・サービスの有効性や効率性を量的に表現する測定技術を開発するという問題にこれまで適切な注意が払われてこなかったと結論している。この問題は，以降の第二次，第三次報告書で，何が測定されるべきかという問題として取り上げられていくこととなる。

第2項　財務報告の改善案

第一次報告書は，非営利組織の財務報告に対して，大略次のように勧告している（第一次報告書pp. 139-142）。

(1) 組織の有効な管理目的に適合するために，非営利組織の報告書はできる限り①組織に保有されている全資源の利用における経営者の権限と責任，および②組織の目的がどの程度有効に，かつ効率的に達成されたかを示すこと。

(2) 報告は，全体としての組織が利用可能な総資源を示す財務データを含むように修正されるべきである。さらに，基金データを表示する場合，個々の基金の目的または"存在理由"を適切に記述すること。

(3) 全体として組織の貸借対照表は，連結形式により作成されるべきである。

(4) 非営利組織は，発生主義による収入と費用（revenues and expenses）を示す業務の結果表を提示すること。この収入・費用計算書は，報告期間に組織が稼得した収入と犠牲にした費用の開示に重点をおく補足的計算書として作成されなければならない。この勧告は，固定資産の減価償却を記録し，報告しなければならないことを意味する。

(5) 非営利組織のサービス目的は，収益と費用（income and expense）の差額を過度に強調してはならないことを要求する。それゆえ，純利益（net income）または純損失（net loss）という用語よりもむしろ収入の費用超過額（excess of revenues over expenses）（またはその逆）のような用語を使用すべ

きである。
(6) 業務の達成度を量的に測定できる場合は，その情報を開示しなければならない。

以上の勧告は，次のように特徴づけることができよう。

組織の効果的な経営を達成するために，① 基金ごとの報告に加えて組織全体としての報告を行うこと。そのために連結報告書を作成すること。② 資金の収支情報だけではなく，資源の利用に関する情報を提供すること，そのために発生主義による費用を報告すること。③ 組織の目的がどの程度有効かつ能率的に達成されたかを示すこと。そのために業務の達成度合を測定できるときはそれを開示すること。

第8節　本章のまとめと私見

本章では，第一次フリーマン委員会報告書を検討したが，ここで，本章での検討結果についてまとめておきたい。

(1) 意思決定有用性アプローチをとることによって，それまで「受託責任会計」という枠に閉じこもっていた非営利組織会計に，「業務責任会計」という側面が存在していることを明らかにし，さらに非営利組織における業務管理責任を測定・評価・報告するための諸方策を提示したのは，本報告書の大きな功績である。

(2) しかしながら他方，このアプローチをとることによって，非営利（not-for-profit）という特質がその会計様式に与える影響についての考察が希薄になっているように思われる。非営利会計のもつ基金会計と予算会計という特徴は，主に法的な要求によるものとし，それに加えて企業会計の方法を導入すべきであるというのが本報告書の基本的立場であるが，損益計算を中心に組み立てられている企業会計の方法の導入に伴う問題点の検討は充分ではないように思われる。

(3) 本報告書は，「受託責任会計」の特徴があらわれている「基金会計」と

第 8 節　本章のまとめと私見

「予算会計」に注目し，非営利会計実務の欠陥の根源がそこに潜んでいることを指摘する。そして，「業務責任会計」への転換は，まず非営利組織を継続事業と認識し，現金主義を脱却して発生主義会計を導入し，原価に基づくデータを基礎として予算の作成・執行・評価を行うべきであるとしている。この点が本報告書のもっとも特徴的なところである。

(4)　本報告書では，非営利会計における減価償却の是非について，その反対論拠と賛成論拠を詳しく紹介・検討したうえで，減価償却の採用を強く主張している。これは，その後のアメリカ非営利会計論における減価償却論議に大きな影響を与えたものとみられる。しかしながら，ここで紹介されている反対論拠の中には，簡単に片づけることのできないさらに検討を要するものがあると思われ，にわかに賛成論に組みすることはできない。ここで提起されている問題は，減価償却論の本質を解明する上でも重要な問題であろう。

(5)　本報告書では，当時非営利組織ではほとんど利用されていなかった原価に基づくデータを，非営利組織の有効な管理のために取り入れることが提案されている。その一環として発生主義会計の導入が主張されている。しかし，発生主義は本来期間損益を計算するためのものであり，損益計算を必要としない非営利組織においては，その意味を異にする。事実，報告書は，発生主義会計を損益計算ではなく，経営管理，原価管理のために必要であるとしている。

しかし，営利組織においても発生主義によって費用を把握しただけで原価管理が行えるわけではない。費用はただ小さければよいのではなく，収益との比較で原価管理が行われるのである。ところが非営利組織では，収入はあっても収益という概念が曖昧であり，費用との対応もつき難いという問題がある。本報告書でも，企業会計で費用・収益の対応から得られる利益に相当するような指標を，非営利組織において確立する必要が要請されている（第一次報告書 p. 139）。この問題，すなわち，非営利組織会計において何を測定すべきかという問題は，次章で検討する第二次，

第三次フリーマン委員会報告書のなかでさらに取り上げられていくこととなる。

第3章

意思決定有用性アプローチの浸透
―第二次・第三次フリーマン委員会報告書―

　前章で検討した第一次フリーマン委員会報告書は，非営利会計を「受託責任会計」から「業務責任会計」へと転換させることを意図していた。そして，そのために，非営利組織を継続事業と認識し，現金主義を脱却した発生主義会計を導入し，原価に基づくデータを基礎として予算の作成・執行・評価を行うことなどを主張していた。本章では，それに続く，第二次，第三次フリーマン委員会報告書を検討する。

第1節　第二次フリーマン委員会報告書の特徴

　第二次フリーマン委員会報告書[1] (1974) は，1. 序論　2. 会計と報告の論点と問題　3. 監査の論点と問題　4. 調査の必要性と例示　5. 教育の必要性と変革　6. AAA の役割，の6章から成っている。この報告書の特徴は，① 第一次報告書と同様に，検討対象とする組織を Not-for-Profit 組織としているが，とくに州および地方政府組織をその典型として検討を行っていること，② 非営利会計における問題点を指摘するにとどまり，第一次報告書のような勧告は行っ

---

(1) 　第二次フリーマン委員会のメンバーは次の通り。
　　Robert J. Freeman（委員長）アラバマ大学，W. B. Bolton カナダ統計局，George A. Gustafson カリフォルニア州立大学，Leon E. Hay インディアナ大学，Walter L. Johnson ミズーリ大学，Jerome B. McKinney ピッツバーグ大学。

ていないこと、③監査に関する問題も範囲に含んでいること、④非営利組織、とくに政府組織の活動を「事業型活動」と「行政型活動」に分類していること、⑤「統一情報システム」という概念を提示していることなどである。これらのうち、内容的に重要と思われるものは、③、④、⑤であるが、本章では、④の事業型活動と行政型活動の区別から⑤の「統一情報システム」開発の提言へと至る、非営利会計とその報告上の問題点の検討をみていくこととする。

第2節　事業型活動と行政型活動

　事業型活動（business-type activity）とは、独立採算的活動であり、「その活動を創設または拡張するために必要な資本は、様々な方法、たとえば寄付金、補助金、負債の発行、または単位内移転などによって提供されうるが、少なくとも、その日常的な業務については、消費者または利用者手数料を通じて資金を提供される」（第二次報告書 p. 227）活動である。事業型活動の例としては、「電気・水道事業、寄宿舎、修理店、コンピューターサービス、印刷店」などがあげられている。このような事業型活動により提供される財貨・サービスの多くは、私的企業によっても提供される。

　これに対して、行政型活動（government-type activity）とは、「一般行政（general government）または他の非営利目標や目的をもつ単位、たとえば、消防、警察、規制検査、公的教育および一般管理などに関連する」（第二次報告書 p. 227）活動である。すなわち、行政型活動は、一般行政活動と、それ以外の消防、警察などの特定の目的をもつ活動に分類される。行政型活動により提供される財貨・サービスの料金と提供コストとの間には直接の関係はないという特徴をもつ。

　第二次報告書は、このように非営利組織の活動を事業型活動と行政型活動に分類する。そして、事業型活動のための会計としては、企業会計と同様の会計が有用で適切なものであるとして、非営利組織に固有の会計が必要となるのは、「行政型活動」であるとする。したがって、非営利組織の会計・報告・監査についての問題は、行政型活動、その中でもとくに一般行政活動にある

と指摘している。なお，非営利組織の活動を事業型活動と行政型活動に区別するという考え方は，その後の，FASBによる非営利会計についてのResearch Reportアンソニー報告書[2](1978)において，非営利組織を「独立採算的活動を行う組織」（Aタイプ）と「寄付・補助金・税金などにより活動を行う組織」（Bタイプ）に区別するという形で引き継がれたものと思われる。アンソニー報告書における組織区別については，次章の第2節で詳しく検討する。

行政型活動，とくに一般行政活動は，図3にあるように，「一連の消費可能基金（流動資産，関連する流動負債および純運転資本）と非基金（固定資産と非流動負債）勘定グループ実体を通じて表現」（第二次報告書 p. 228）される。このため，「一般行政の会計実体は，組織的単位，プログラムまたは活動に関連するのではなく，① 非営利環境における法的要求と，② 資産の流動性と負債の支払期日に関連する」（第二次報告書 p. 228）こととなり，一般行政の会計等式は，図3のように，基金ごとの会計等式と一般固定資産の会計等式および一般長期負債の会計等式から構成される。

第二次報告書は，行政型活動の会計の問題点として以下の諸点を指摘している（第二次報告書 p. 228）。

(1) 本質的に異なる会計および報告実体が列挙されているだけで，一般行政を会計および報告実体としては示されていない。

(2) 多様な消費可能基金のために作成された業務報告書（operational statement）は，実質的には短期流動性を志向する基金実体財政状態（活動資本）の変動報告書である。

(3) 消費可能基金実体または一般行政活動あるいはその構成要素のための純利益報告書に相当する長期志向の報告書がない。

(4) 一般行政の業績規準，指針，および事業型活動の純利益に相当するような管理装置がない。

---

(2) Anthony, Robert N., *FASB Research Report, Financial Accounting in Nonbusiness Organizations : An Exploratory Study of Conceptual Issues,* FASB, 1978.

図3　一般行政の会計実体と会計等式

	資産＋対照勘定	＝負債＋基金残高＋対照勘定
消費可能基金：		
基金1	流動資産	＝流動負債＋基金残高
基金2	流動資産	＝流動負債＋基金残高
基金n	流動資産	＝流動負債＋基金残高
非基金勘定グループ：		
一般固定資産	固定資産	＝固定資産への投資＊
一般長期負債	利用可能で将来非流動負債の回収にあてられなければならない金額＊	＝非流動負債
算術的合計	Σ流動資産＋Σ固定資産＋Σ非流動負債＊	＝Σ流動負債＋Σ非流動負債＋Σ基金残高＋Σ固定資産＊

＊対照または相殺勘定

（第二次報告書 p. 229）

　また，第二次報告書は，以上をふまえた上で行政型活動の会計を例にとりながら，非営利会計とその報告について，① 非営利会計とその報告の役割と範囲，② 財務管理および会計責任情報に関する4つの論点，③ 経済性・効率性・有効性情報，④ 統一情報システム，を検討している。以下，それらをフォローしていく。

第3節　非営利会計とその報告の役割と範囲

　これについて，第二次報告書は，まず会計の定義をとり上げ，ASOBATの定義をとる立場と伝統的定義をとる立場を対比させている。伝統的定義は，会計を「非営利組織の財務的取引を分析し，記録し，要約し，そして解釈する各種の要素から成る活動」[3]とするものであり，当時の実務はこの立場に立っていた。これに対して，ASOBATにおける会計の定義は，「情報利用者が詳しい

第3節　非営利会計とその報告の役割と範囲　　67

情報に基づいた判断や意思決定を行い得るように経済的情報を識別し，測定し，伝達するプロセスである」[4]というものである。報告書は，それぞれの立場に立つ人々の主張を以下のように紹介している（第二次報告書 p. 230）。

　伝統的見解を支持する人々は，「非営利会計および報告のパラメーターは，客観的で検証可能である財務取引データに限るべき」であり，非財務データまたは非取引データを含めることにより，非営利会計とその報告の範囲を拡張することは，会計専門家を危険にさらすと主張する。

　他方，ASOBATの見解を支持する人々は，「歴史的財務取引データは，多くの政策およびその他の経営意思決定にとって不十分であり」，非財務情報または非取引情報の方がより目的適合的である場合がある。これらの情報を非営利会計とその報告の範囲に含めないことは，会計士に要求される多元的役割を拒絶することであり，その結果，利用者は，信頼性に欠ける情報を利用しなければならなくなると主張する。

　第二次報告書は，以上のように，非営利会計とその報告の役割と範囲について，会計専門家が監査を行い責任を負う範囲と関連づけて，ASOBATの見解と伝統的見解を対比させている。ASOBATの理論に基づき，情報利用者の側から，会計情報の有用性を考えた場合，その会計情報が監査済情報か否かが重要であると考えていることが見てとれる。その結果，非営利会計とその報告の役割と範囲は，会計専門家の役割と彼らが監査を行い責任を負うべき範囲と密接に関係するものと捉えられているのである。

（3）　AICPA, "Accounting Terminology Bulletin No.1-Review and Resume" in *Accounting Research and Terminology Bulletins*, Final Edition, AICPA, 1961, par. 9.

（4）　ASOBAT, p. 1.

第4節　財務管理および会計責任情報に関する4つの論点

続いて，第二次報告書は，非営利組織における財務管理情報と会計責任情報に関連する論点として，① 法的条項と「一般に認められた会計原則」(Generally Accepted Accounting Principles：GAAP) のどちらが優先されるべきか，② 報告は勘定に対応していなければならないか，③ 目的適合的な実体は何か，④ 短期データに加えて長期データの報告が必要か，という4点をあげ，それぞれについて相対立する見解を紹介している。

第1項　法的条項とGAAPの優先順位

ここで問題とされるのは，法的条項とGAAPに矛盾があった場合に，どちらを優先すべきかということである。第二次報告書は，当時の政府会計システムにおいて，GAAPよりも法的条項が優先されており，その結果，政府会計が法的条項に支配されていることを問題としている。法的条項が優先される限り，法的条項と矛盾するGAAPを構築しても，非営利会計とその報告は改善されないので，第二次報告書は，GAAPが優先されるべきであると考えているとみてよいであろう。

第2項　報告書と勘定の一致の必要性

ここでの論点は，非営利組織の財務報告は，勘定（account）と同様の構成と金額でなければならないか否かについてである。

報告は勘定と同様の構成と金額でなければならないとする見解の根拠としては，NCGA原則が，「12. 予算，勘定，および財務報告に共通の専門用語と分類が，首尾一貫して，使用されるべきである」[5]とそれを支持していること

（5）　NCGA, *Governmental Accounting, Auditing, and Financial Reporting,* Municipal Finance Officers Association, 1968, p. 13.

と，監査人が混乱させられる可能性があることがあげられている（第二次報告書 pp. 230-231）。

それに対して，報告は勘定に対応していなくてもよいとする見解の根拠としては，① 会計は，それ自体が目的なのではなく，報告という目的のための手段であること，② 報告は，利用者志向のものであり，異なる利用者は異なる会計データグループを必要とすること，③ 利用者の便益は，異なる基礎により作成される複数の財務報告が存在することの不利益よりも優先されること，④ 勘定から導き出され，系統的方法によって調整され，再分類されるデータは，プライベートセクターにおいては日常的に監査されていること，などをあげている（第二次報告書 pp. 231-232）。

第一次報告書に続いて，ASOBATの意思決定有用性アプローチをとる第二次報告書は，利用者にとって有用である限り，報告は勘定に対応していなくてもよいという見解をとっているものと思われる。

第3項　目的適合的な実体とは何か

ここでの論点は，非営利会計とその報告における目的適合的な実体とは，「基金・非基金勘定グループ」か，「全体としての組織または組織の主要活動」であるかである。「全体としての組織または組織の主要活動」を会計実体とする場合には，基金・非基金勘定グループを連結することが必要となり，そこに連結報告書の問題が生ずる。

第二次報告書では，まず，当時の非営利会計とその報告の状況を次のように説明する。すなわち，非営利組織とくに政府の勘定と財務報告は，基金および非基金勘定グループから構成され，それらから直接作成された一連の財政状態報告書および業務報告書または財政状態変動表あるいはその両方が作成される。そして，組織全体またはその主要活動部門ごとの「連結報告書」はまだ提供されておらず，第一次報告書が勧告した連結報告書の利用は，増加しているが，まだ広範囲に及ぶものではない（第二次報告書 p. 232）。

このような当時の状況をふまえた上で，全体としての組織またはその主要活

動を会計実体とするためには，基金・非基金勘定グループを連結することが問題となる。第二次報告書は，連結報告を支持するか否かの判断は述べていないが，ASOBATの意思決定有用性アプローチによる限り，利用者に有用な情報を提供するための連結報告書導入を支持する方向であるとみてよいだろう。なお，この会計実体と連結報告書の問題は，後でみる第三次報告書でもとりあげられている。

第4項　長期志向データの必要性

当時の政府会計においては，基金実体によって報告される，消費可能基金資源の「源泉，使用，および残高」データという短期志向データと一般行政の固定資産・長期負債を表す非基金勘定グループ表のみが提供され，一般行政の資本および資本の変動という長期志向データは提供されていない（第二次報告書 p. 234）。そこで，第二次報告書は，短期志向データだけではなく，長期志向データについても報告する必要があるか否かを論点として，ASOBATに依る第一次報告書の「多数の要素から成る報告書を開発すべきである」（第一次報告書 p. 94）という勧告を引用し，短期と長期の両データが提供されるべきであることを示唆している。

第5節　経済性・効率性・有効性についての情報

経済性，効率性および有効性についての情報ニーズについて，第一次報告書は，「非営利組織は，利益志向企業以上に，彼らの財貨・サービスに対しての社会のニーズだけでなく，業務の効率性と有効性に基づき彼らの存在および活動を正当化することができなければならない」（第一次報告書 pp. 92-93）と主張していた。さらに，第一次報告書は，「非営利組織の報告書は，実行可能な範囲で，組織の目的が有効にまた効率的に達成された程度を示すべきである」（第一次報告書 pp. 92-93, 139）ことを勧告していた。第二次報告書は，第一次報告書の立場を「そのような情報は，① 適切に管理された方法で系統的に収集され

または分析され，②独立的に監査されていることを保証するために，実行可能な範囲で，会計と会計システムの範囲の中に組み入れられるべきである」(第二次報告書 p. 236) というものであると指摘している。

第二次報告書は，自らの見解を示していないが，経済性・効率性・有効性情報の報告を主張する第一次報告書を引用することにより，そのような情報も提供されなければならないことを示唆しているものと考えられる。

第6節　統一情報システム

第二次報告書は，前節までのようなミクロレベルでの政府会計情報に加えて，連邦政府，州政府および地方政府という独立の政府単位を統合するマクロレベルでの情報を提供する必要性を主張する。マクロ情報は，連邦政府，州および地方政府の資源配分などの政策意思決定に直接影響を及ぼすものであり，その重要性は，政府組織の複雑化に伴い増大していると指摘し，ミクロデータはマクロデータの基本要素とならなければならないと主張する (第二次報告書 pp. 236-237)。そして，「①財務データ，準拠性データ，経済性データ，効率性データおよび有効性データを含み，②非会計データを会計データに結びつけ，③ミクロとマクロ両方のレベルで，利用者の情報ニーズを満たす」(第二次報告書 p. 237) という①から③の要件をすべて満たすような「統一情報システム」という概念を新たに提示している。

この「統一情報システム」開発に対する肯定的見解と否定的見解は次のようなものである (第二次報告書 p. 237)。

肯定的見解
(1)　マクロ情報ニーズはミクロ情報ニーズと類似しており，マクロ情報ニーズがミクロレベルでの資源配分またはミクロレベルへの資源配分に影響を及ぼす。
(2)　政府間関係の複雑さと関連する資源の重要性からみて，政府間会計とその他の情報システムを統一しないとしても，それらを調整するシステ

ムを開発するために努力することは必要である。
(3) 自発的関心とより高いレベルの政府からの圧力が統一情報システムを開発する動機を提供している。
(4) 最近の学術的（基礎的研究）努力および研究を応用した政府間プロジェクトは，前途有望である。

否定的見解
(1) 使用可能なデータ規準および適切な情報のいずれもが，ミクロレベルですら開発されていない。また，利用可能な非会計情報が，適切に管理された監査可能なシステムで日常的に収集されることはあり得ない。
(2) 現実的に，ミクロニーズが，マクロニーズまたはシステム統一に優先し続けるであろう。
(3) 利用者が要求する情報の大部分は，量的表現が可能か，検証可能か，客観的か否か明らかでない。
(4) 政府内および政府間のプログラムとデータニーズは，急速に変化しているので，どのような統一情報システムでも，その有効期限に比べてコストがかかりすぎる。

　第二次報告書は，統一情報システムの開発に関して，「この仕事は，限りなく広いものであり，また，急速に発展している政府環境において，『達成された』と考えられることは決してないだろう」（第二次報告書 p. 237）と述べ，より多くの研究調査の実施を要請している。ASOBATが「統一会計情報システム」の開発を志向していたのと軌を一にしているものと理解される。

　以上のように，第二次報告書は，ASOBATで示された意思決定有用性アプローチから「統一情報システム」という概念を導きだした。そして，この「統一情報システム」開発のために，より一層の研究努力を必要とするいくつかの問題を指摘している。その中の「測定問題」すなわち，非営利会計において何が測定されるべきかという問題と，「実体問題」すなわち，非営利会計とその報告における会計実体は基金か全体としての組織かという問題の検討が，第三次報告書に引き継がれていくこととなる。

第7節　第三次フリーマン委員会報告書の特徴

第三次フリーマン委員会報告書[6](1975) は，1. 序論　2. 利用者及び利用　3. 測定焦点　4. 実体焦点　5. 要約及び結論，の5章から成っている。この報告書の特徴は次のようなものである。すなわち，① 検討対象組織を第一次，第二次報告書での Not-for-Profit 組織とは異なって，Nonprofit 組織としていること，② 会計情報の利用者とその利用を前提して非営利会計とその報告の問題を検討しており，より一層，意思決定有用性アプローチに基づく構成となっていること，③ 測定問題の検討において，測定対象となる経済活動を資源転換プロセスとして描写していること，④ 実体問題に関して連結基準試案を提示していること，などである。第三次報告書は，内容的には，会計情報の利用者とその利用を明らかにし，それに基づいて，非営利会計の測定問題と実体問題を検討している。そこで，以下では，まず，①の Nonprofit 組織を検討対象組織とする理由を確認し，次いで，会計情報の利用者と利用に関する見解および，測定問題と実体問題の検討をみることとする。

第8節　Nonprofit 組織を検討対象組織とする理由

前章第4節で述べたとおり，第一次報告書は，Not-for-Profit 組織（NFPO）と Nonprofit 組織（NPO）を次のように区別していた。すなわち，NPO とは，① 意図的・意識的利益動機がない組織全てを指すが，NFPO は，それに加えて，② 個人的にまたは個別的に所有された持分割合または持分権がなく，③ 持分

---

(6)　第三次フリーマン委員会のメンバーは次の通り。
　　Robert J. Freeman（委員長）アラバマ大学，Gary R. Fane サウスカロライナ大学，Leon E. Hay インディアナ大学，Walter L. Johnson ミズーリ大学，Rudolph S. Lindbeck フロリダ州立大学，Jerome B. McKinney ピッツバーグ大学。

権が売却されたり交換されたりせず，④ 元本の拠出者または後援者から直接または比例して財務的便益を要求されないという条件を満たす組織である。第一次報告書は，組織の持分権の特質に注目し，NPO の中で，さらに②③④の条件を満たすものが NFPO であるとして，この NFPO を研究対象組織としていたのである。ところが，第三次報告書は，NFPO ではなく NPO という用語を使用している。このことについて，次のように考えられる。すなわち，第三次報告書は，組織の活動を独立採算的な「事業型活動」と「純粋に非営利な活動」とに分類し，「純粋に非営利な活動」の会計を検討対象としているので，NFPO を規定していた組織全体としての持分権の特質の相違は問題とならず，広く NFPO を内包する NPO を検討対象組織としたと考えられる。

このように，フリーマン委員会報告書では，NPO と NFPO は概念的に区別されているが，その後のアンソニー報告書では，NPO と NFPO は区別されず，NPO の方が，より一般的で多数例であるとして，NPO が採用されている[7]。

ではまず，第三次報告書での会計情報の利用者と利用に関する見解をみていくこととする。

第9節　会計情報の利用者と利用

第三次報告書は，「会計はサービス機能であるので，会計情報の現在の利用者と潜在的利用者およびその利用の識別が，非営利セクターにおける会計の目的に合理的に包括的で使用できる報告書の定型化のために欠くことのできない最も重要な仕事であるだろう」（第三次報告書 p.3）と述べ，会計情報の利用者と利用（情報ニーズ）の特定を行っている。

（7） アンソニー報告書における NPO と NFPO については，次章第2節第1項で詳しくみている。

第9節　会計情報の利用者と利用　75

第1項　会計情報の利用者

非営利会計情報の現在の利用者と潜在的利用者は，以下のように示されている。

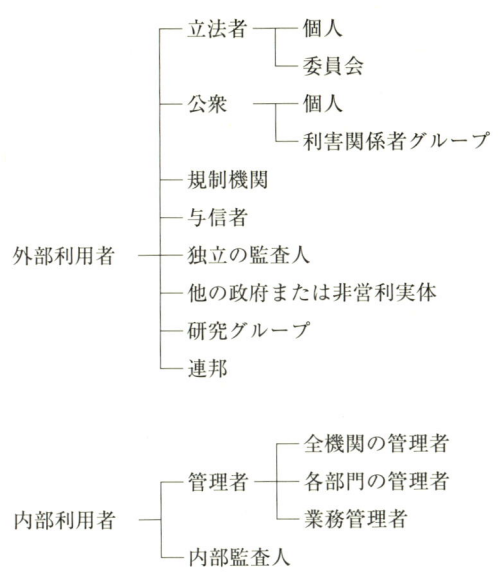

```
                    ┌─ 立法者 ──┬─ 個人
                    │           └─ 委員会
                    ├─ 公衆 ────┬─ 個人
                    │           └─ 利害関係者グループ
                    ├─ 規制機関
                    ├─ 与信者
          外部利用者 ┼─ 独立の監査人
                    ├─ 他の政府または非営利実体
                    ├─ 研究グループ
                    └─ 連邦

                    ┌─ 管理者 ──┬─ 全機関の管理者
          内部利用者 │           ├─ 各部門の管理者
                    │           └─ 業務管理者
                    └─ 内部監査人
```

第三次報告書は，第一次，第二次報告書と同様に，外部報告だけではなく内部報告をも検討範囲に含んでいるので，会計情報利用者としても，外部利用者と内部利用者の両方があげられている。

第2項　会計情報の利用

第三次報告書は，非営利セクターにおける会計情報の利用について言及しているものとして，パブリックセクターに関する1970-71 AAA委員会報告書（以下 AAA [1972]）[8]とトゥルーブラッド報告書の非営利組織情報に対する外部利用者ニーズに関する記述を引用している（第三次報告書 p. 4）。

---

(8) AAA, "Report of the Committee on Concepts of Accounting Applicable to the Public Sector, 1970-71", *The Accounting Review,* Supplement to Vol. XLVII, 1972, pp. 77-108.

AAA［1972］は，パブリックセクター会計の主要目的として，① 管理のために必要な情報と② 会計責任の遂行についての報告に必要な情報を提供すること，の2点を指摘している(9)。また，トゥルーブラッド報告書は，外部利用者は，① 組織の過去の目標の達成，② 目標達成のための現在の努力状態，③ 将来の目標の達成可能性，を評価するための情報を必要としており，「政府および非営利組織の財務諸表の目的は，組織の目標を達成する中で資源の管理の有効性を評価するために有用な情報を提供することである。業績測定は，識別された目標の見地から，量的に表現されるべきである」(10)と述べている。

第三次報告書は，内部・外部利用者情報ニーズとして，① 計画策定，② 管理，③ 会計責任，の3種類をあげている。①の計画策定は，予算編成，収入源，新しいプログラムに細分化され，②の管理は，現在の計画，現存するプログラム，プロセス，から成り，③の会計責任は，財政，準拠性，効率性，有効性，に分けられている。そして，利用者とその利用（情報ニーズ）の関係を，表1のように示している。このように利用者とその情報ニーズを特定するのは，意思決定有用性アプローチによっているからである。

（9） AAA, "Report of the Committee on Concepts of Accounting Applicable to the Public Sector, 1970–71", *The Accounting Review*, Supplement to Vol. XLVII, 1972, p. 80.
（10） トゥルーブラッド報告書，pp. 50–51.

第10節　非営利会計における測定問題

表1　非営利組織の会計情報の利用者と利用

利用者 \ 利用〔情報ニーズ〕	外部利用者											内部利用者				
	・立法者	・個人・委員会	・個人・公衆	・公衆利害関係グループ	・規制機関	・与信者	・独立監査人	・他の政府実体	・研究グループ	・連邦	・管理者	・業務管理者	・各部門の管理者	・全機関の管理者	・内部監査人
計画策定															
・予算編成	✓	✓	✓	✓	✓	✓		✓		✓	✓	✓	✓	✓	
・収入源	✓	✓	✓	✓		✓				✓	✓	✓	✓		
・新しいプログラム	✓	✓	✓	✓	✓				✓		✓	✓	✓	✓	
管理															
・現在の計画	✓	✓	✓		✓	✓		✓	✓		✓	✓	✓	✓	✓
・現存するプログラム	✓	✓	✓		✓	✓		✓	✓		✓	✓	✓	✓	✓
・プロセス	✓	✓	✓					✓			✓	✓	✓	✓	✓
会計責任															
・財政	✓	✓	✓	✓	✓	✓	✓	✓	✓	✓	✓	✓	✓	✓	✓
・準拠性	✓	✓	✓		✓		✓	✓			✓	✓	✓	✓	✓
・効率性	✓	✓	✓				✓	✓			✓	✓	✓	✓	✓
・有効性	✓	✓	✓				✓	✓			✓	✓	✓	✓	✓

(第三次報告書 p.5, 〔　〕の挿入は引用者)

　このような利用者とその利用におけるニーズを満たすための会計測定と会計実体の問題が次に検討される。

第10節　非営利会計における測定問題

　第三次報告書は，非営利会計における測定問題の検討にあたって，まず，①測定されるべき経済活動の本質を明らかにし，次いで，②当時なされていた会計測定を説明し，最後に，③当時の会計測定の評価を行っている。これら

の検討においては，非営利組織の「事業型活動」（公益事業など）ではなく，「純粋に非営利な活動」（教育，警察・消防，一般管理など）が対象とされている。

第1項 測定されるべき経済活動の本質

第三次報告書は，非営利会計において測定されるべき経済活動の本質を描写するにあたって，政府の経済活動をモデルとしている。政府経済活動は，「ある形式の財貨・サービスを他の形式の財貨・サービスへ転換する」転換活動と定義されている（第三次報告書p.6）。この転換プロセスは図4のように表されている。

図4 転換プロセス

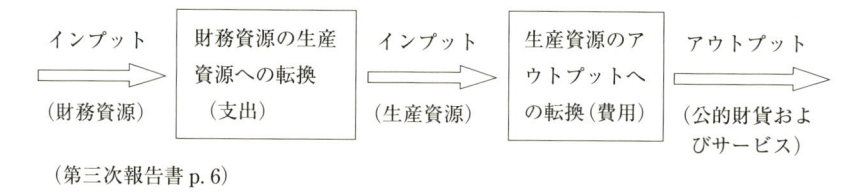

インプット → [財務資源の生産資源への転換（支出）] → インプット → [生産資源のアウトプットへの転換（費用）] → アウトプット
（財務資源）　　　　　　　　　　　　　　　（生産資源）　　　　　　　　　　　　　　　（公的財貨およびサービス）

（第三次報告書 p.6）

財務資源は，現金，投資された現金，および将来において現金になる請求権と定義される。生産資源は，生産過程において転換または利用されアウトプットになるものであり，例えば，棚卸資産，労働，工場設備などである。営利企業の場合には，アウトプットが財務資源インフローを獲得する主要な手段である。しかし，非営利組織の場合には，特別な場合（事業型業務など）を除いて，利用者便益（アウトプット）に基づく利用者手数料によってではなく，徴税により財務資源インフローを獲得する。しかし，この場合でも，アウトプットの価値が徴税額を正当化すると述べられている。

図4は，政府組織の経済活動の本質である資源の転換プロセスを表すと共に，「財務資源の生産資源への転換」を測定するものが支出であり，「生産資源のアウトプットへの転換」を測定するものが費用であることを示している。し

たがって，徴税額を正当化するアウトプットの価値を測定するものは，支出ではなく，費用であり，この点からも費用の測定は重要なものとなろう。

第2項　第三次報告書の時点で行われていた会計測定

第三次報告書は，ここで地方自治体（州および地方政府）の会計モデルを使用する。その理由は，「① 地方自治体の会計は適度に開発されていて，広く実務に受け入れられており，また，② 地方自治体の会計に関する我々の分析と結論の本質は，多種多様な広い分布範囲をもつ非営利組織にも適切なものとなるからである」（第三次報告書 p. 8）とされている。

地方自治体会計と企業会計との間に相違が生じる原因として，以下の3点を指摘する（第三次報告書 pp. 8-9）。

(1)　地方自治体は，「事業型活動」と「一般行政活動」の両方に関係する。
(2)　利益決定管理・規制装置の欠如のために，「一般行政活動」は，非常に多くの法律または他の管理志向の制限に典型的に支配されており，また，1つの組織的会計実体を通じてよりもむしろ一連の基金および非基金実体を通じて表される。
(3)　会計測定の第一の焦点は，「一般行政活動」に関わるか，「事業型活動」に関わるかによって異なる。

地方自治体の会計は，2つのタイプの基金および非基金勘定グループにより構成されている。2つのタイプの基金とは，消費不能（事業型）基金と消費可能（一般行政）基金である。非基金勘定グループとは，どの基金にも含まれない「一般行政」の固定資産と長期負債，すなわち，一般固定資産と一般長期負債を表す勘定グループであるとされる。

地方自治体の会計実体は，一般行政の会計実体（消費可能基金と非基金勘定グループ）と事業型活動の会計実体（消費不能基金）から構成されており，それは図5のように表すことができる。

図5　地方自治体の会計実体となっている基金および非基金勘定グループ

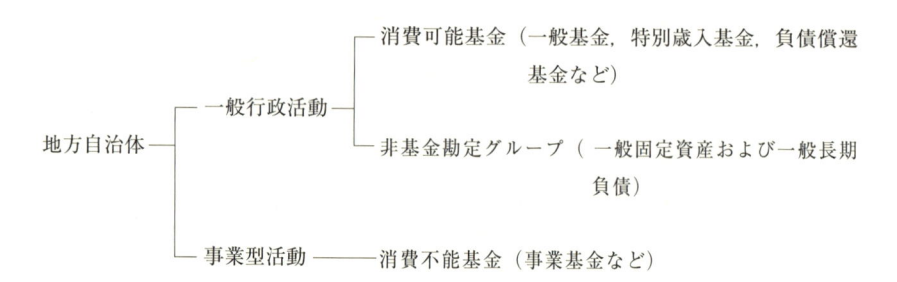

```
地方自治体 ─┬─ 一般行政活動 ─┬─ 消費可能基金（一般基金，特別歳入基金，負債償還
            │                │                    基金など）
            │                │
            │                └─ 非基金勘定グループ（一般固定資産および一般長期
            │                                    負債）
            │
            └─ 事業型活動 ──── 消費不能基金（事業基金など）
```

　第三次報告書は，測定問題に関係する地方自治体会計の特徴を以下のように指摘している（第三次報告書 pp.13-15）。
(1)　地方自治体の活動は，独立採算的な事業型活動と一般行政活動とに分けられる。事業型活動の資産と負債は，事業型活動ごとの消費不能基金により表される。他方，一般行政活動の流動資産と短期負債は複数の消費可能基金において表され，固定資産は，一般固定資産非基金勘定グループにより，長期負債は一般長期負債非基金勘定グループにより表される。
(2)　消費不能基金は組織的実体に一致しているのに対して，消費可能基金および非基金勘定グループは，組織的実体と一致しない。
(3)　一般行政を会計実体とした会計は行われておらず，多様な消費可能基金と非基金勘定グループそれぞれのための区分会計が行われている。
(4)　消費不能基金においては，純利益，財政状態，財政状態変動の3つが測定されるのに対して，消費可能基金においては，財政状態と財政状態変動の2つが測定されるだけである。したがって，消費不能基金に関しては支出と費用の両方が測定されるのに対して，消費可能基金に関しては支出だけが測定される。すなわち，一般行政の費用は測定されない。

　以上の特徴の中で特に，消費可能基金に関して支出のみが測定され，費用が測定されていない点を問題としているので，次項ではその点を中心にみていくこととする。

第3項　第三次報告書時点の会計測定の評価

　第三次報告書は，当時の会計測定によって満たされている情報ニーズを明らかにした上で，なお満たされていない情報ニーズの存在を指摘する。

　当時の会計測定は，地方自治体管理者の2つの情報ニーズを満たしている。すなわち，収入と支出に関する法律に従った管理を行うために必要な情報，および，収入と支出に関する法律に従っていることを証明する報告書を作成するために必要な情報は提供されている。これらの情報ニーズは，予算と基金会計により満たされている（第三次報告書pp. 15-16）。

　以上のように，現在の会計測定によって充足されている情報ニーズを述べたうえで，充足されていない情報ニーズを，以下のように指摘している。

　「一般行政消費可能基金会計は，基本的に資金フロー基準会計」であり，図4で示された「資源転換実体としての政府という理論的枠組みの見地からみると，『一般行政』の資金フロー予算および会計は，政府の経済活動の一部分を測定しているだけである」（第三次報告書p. 16）。これは，図4の資源転換プロセスにおける「財務資源の生産資源への転換」を表す支出は測定されるが，「生産資源のアウトプットへの転換」を表す費用は測定されないことを問題としているものである。そして，費用が測定されない結果，「組織の目標の達成における資源の運用の効率と有効性を評価するために有用な情報ではなく」（第三次報告書p. 16），計画策定と意思決定のための情報ニーズと組織管理のための情報ニーズを満たしていないことを指摘する。そのうえで，最も必要とされる情報は，「組織の希少資源を適切で最善の方法で，彼らの財貨・サービスへの競合する需要間に配分することを立法機関，統制審議会および管理者に可能にするようなデータである」（第三次報告書p. 17）としている。そして，最善で適切な資源配分を可能にするためには，組織の最終生産物であるアウトプットのコストと便益の測定の両方が必要不可欠であるとして，それぞれの測定として適切な情報はどのようなものであるかを説明している。

　適切な資源配分を可能にするアウトプットコストの測定情報として適切な情報は，支出情報ではなく，費用情報である。これは，支出が「財務資源の生産

資源への転換」を測定するのに対して，費用は「生産資源のアウトプットへの転換」，すなわち，アウトプットのコストを直接測定するものだからである。

一方，適切な資源配分を可能にするアウトプットの便益の測定情報について，第三次報告書は，次のように述べる。営利会計における便益の測定は，収益の測定と同一視される。これに対して，政府および他の非営利組織は，アウトプットの提供による収益の獲得を目的としないので，収益によるアウトプット便益の測定はできない。このように非営利会計においては収益を便益と同一視することはできないことを述べ，「大部分の現代政府会計システム（または政府情報システム一般）の最も根本的な失敗は，アウトプットデータ—仕事の遂行または目的の達成の測定—を整理し把握する能力の欠如である」（第三次報告書 p. 21）と指摘する。しかしながら，第三次報告書は，便益がどのように測定されるべきかについて明確には述べておらず，ただ，貨幣的に表現できる便益は貨幣的に表現し，貨幣的でなくとも量的に表現できるものは量的に表現し，さらに，量的に表現できない場合でも言葉で表現すべきであるとするにとどまっている。

第三次報告書は，便益の測定について，営利会計における収益の測定に相当するような代替的測定の提案は行えていないが，非営利組織のアウトプットに関連する指標として，① 完成された仕事，② 生産された生産物，③ 達成された便益，④ 達成された影響，を提示している。この4つの指標は，教育プログラムの場合を例として次のように説明される。「教育された生徒に与えられたコースが，完成された仕事の例であり，卒業した生徒が生産された生産物と考えられる。成し遂げられた便益は，増加された知識であり，改善された技術であり，また，プログラムの直接の受益者の増加された利益獲得力である。最後の指標は，生徒が教育的経験の結果として社会に対してもつ影響である」（第三次報告書 p. 23）と。

以上のように，第三次報告書は，満たされていない情報ニーズのうち最も重要な情報ニーズは「適切な資源配分を可能にするデータに対する情報ニーズ」であると指摘し，その情報を提供するためにアウトプットのコスト情報と便益

情報が必要であるとする。そして，アウトプットコスト情報は，費用情報であるとして費用情報の提供を主張する。一方，アウトプット便益情報については，それを直接測定する方法は現在開発されていないことを指摘し，今後の研究努力の必要を主張しつつ，それが開発されるまでは，貨幣的・量的には表現できなくても，言葉で表現すべきであるとして，何等かの便益を表す情報の提供を要求している。そして，それと同時に，便益測定の代わりとなりうる業績指標開発の必要性も主張している。

第11節　非営利会計における実体問題

　非営利会計では基金が会計実体となっている結果，非営利組織の財務報告は，「一連の消費可能基金，非基金勘定グループ，消費不能基金財務諸表から構成され」，包括的な連結財務諸表は作成されない。第一次，第二次報告書は，「基金データおよび勘定グループデータを集合する補助的な財務報告の必要性をとり扱っており，さらに，現存する会計記録から連結報告書が作成される手続を提案している。そのような報告書は，実務において，一般的ではないが徐々に作成されるようになってきている」（第三次報告書 p. 24）ことが指摘される。しかしながら，このタイプの報告のための基準や指針は開発されていないことから，第三次報告書は，連結または他の総合報告書の必要性を主張したうえで，さらに，連結基準の試案を示し連結報告書の例示を行っている。

　フリーマン委員会は，第一次報告書から一貫して連結報告書の必要性を主張してきたが，その主張と研究の成果が第三次報告書での連結基準試案という形に結実したと言えよう。非営利会計とその報告において，連結報告書を作成報告すべきであるというフリーマン委員会の主張は，その後の非営利会計研究に受け継がれ，FASB の Research Report であるアンソニー報告書（1978）でも基金別報告書と連結報告書のどちらが利用者にとってより有用かという問題が論点の1つとされている。そして，現在，FASB の SFAC および会計基準（Financial Accounting Standards：FAS）では，外部報告書としては，基金別財務諸表ではな

く，組織全体としての財務諸表(11)が求められるに至っている。

第12節　本章のまとめと私見

　本章では，第二次および第三次フリーマン委員会報告書を検討してきた。前章で検討した第一次報告書も含めた一連のフリーマン委員会報告書は，ASOBATで示された会計理論，意思決定有用性アプローチを非営利会計へ適用することを試みた最初の非営利会計論であり，その後の非営利会計論へも影響を与えたものである。

　第一次フリーマン委員会報告書は，非営利組織と営利組織の類似点を強調し，非営利組織を継続事業と認識し，現金主義会計を脱却して発生主義会計を導入し，原価に基づくデータを基礎として予算の作成・執行・評価を行うべきであるとする。さらに，基金ごとに作成・報告されていた財務諸表を連結して，全体としての組織の財務諸表を作成・報告すべきであることも勧告している。

　第二次フリーマン委員会報告書は，まず，非営利組織の活動を「事業型活動」と「行政型活動」とに分類し，非営利会計の問題点が「行政型活動」にあることを指摘する。そして，ASOBATの理論を基礎としながら，基金・非基金勘定グループの会計情報を連結することの積極的支持論などを示している。そして，財務データと準拠性データだけでなく，経済性，効率性および有効性に関するデータを含み，非会計データを会計データに結びつけ，ミクロ・マクロ両レベルで利用者の情報ニーズを満たす「統一情報システム」という概念を示し，

---

(11)　FAS第117号では，非営利組織の基本財務諸表として，「財政状態報告書」(statement of financial position)，「活動報告書」(statement of activities)，「キャッシュフロー報告書」(statement of cash flows) の3つが要求されている（FASB, *Statement of Financial Accounting Standards No.117, Financial Statements of Not-for-Profit Organizations*, FASB, 1993）。この第117号については，本書の補論で検討している。

この開発を目標として，研究努力を行うことを要請している。

　第三次フリーマン委員会報告書は，非営利組織の会計情報の利用者およびその利用（情報ニーズ）を特定し，それに基づいて，非営利会計における会計測定と会計実体を検討している。会計測定の検討においては，まず，非営利組織の経済活動を資源転換プロセスとして表現し，当時の会計測定において，収入・支出情報は提供されているが，費用・便益情報が提供されていないことから，適切な資源配分を可能とする情報に代表される計画策定・意思決定・組織管理のための情報ニーズが満たされていないと指摘する。この情報ニーズを充足するために，非営利会計も費用情報を提供しなければならないことと，便益情報についてもできる限り提供しなければならないことを主張している。

　また，基金・非基金勘定グループ会計データの連結に関しては，第一次・第二次報告書での主張を引き継いだうえで，連結基準試案を提示し，より一層の連結報告書の作成・報告を要請している。

　一連のフリーマン委員会報告書が一貫して主張しているのは，① 会計測定に関して，収入および支出だけではなく，費用の測定が必要であるということ，② 会計実体に関して，基金および非基金勘定グループを会計実体とするだけではなく，それらを連結して，全体としての組織を会計実体とする連結報告書をも作成・報告すべきこと，の2点である。この2点は，次章でみる，アンソニー報告書でも論点として取り上げられ，第5章でみる FASB の SFAC 第6号および補論でみる FAS 第117号では，営利企業と同様に収益および費用が測定され，組織全体としての財務諸表が外部報告財務諸表として要求されるに至っている。しかしながら，ここでは次の2点に注意する必要がある。第1は，一連のフリーマン委員会報告書では，測定問題に関して，費用を測定する必要性は主張されているが，収益を測定する必要性は主張されていないということである。第三次報告書は，非営利会計においては収益によって便益を測定することは適切ではないと述べている。しかし，SFAC 第6号および FAS 第117号では，収益の測定が要求されているのである。第2点は，実体問題に関して，一連のフリーマン委員会報告書では，基金ごとの報告書に加えて，連結

報告書を要求している。これに対して，SFAC第6号およびFAS第117号では，全体としての組織の財務諸表のみが要求されているのである。

このようにFASBの非営利会計概念フレームワークがフリーマン委員会報告書とは異なる結論に達した理由については，それぞれ，第5章第3節第3項と，第5章第2節第2項（2）でみることとする。

第4章

FASB 非営利会計概念形成の端緒
—アンソニー報告書—

　本章では，FASB の非営利会計諸概念に関する最初の Research Report である『アンソニー報告書』[1]を検討する。

第1節　アンソニー報告書の意義

第1項　アンソニー報告書の位置付け

　FASB の概念フレームワークプロジェクトは，トゥルーブラッド報告書を出発点として 1973 年に始まった。トゥルーブラッド報告書は，非営利会計をも視野に入れているものであるが，FASB は，まず営利企業のための概念フレームワーク作成に集中したので，非営利会計概念フレームワークに関する研究作業は 1977 年から始まることとなった。

　その最初の成果が 1978 年 5 月に公表された FASB Research Report『非営利

（1）　Anthony, R. N., *FASB Research Report, Financial Accounting in Nonbusiness Organizations : An Exploratory Study of Conceptual Issues,* FASB, May 1978, p. 223. 若林茂信『アメリカの非営利法人会計基準—日本の非営利法人会計への教訓—』高文堂出版社，1997 年の 32-52 ページにおいて，アンソニー報告書で提起されている 16 の論争点に従った紹介がなされている。また，アンソニーの非営利会計観については山口稲生「アンソニーの非営利組織会計論に関する一考察」『西南学院大学商学論集』第 37 巻第 3・4 号，1991 年 2 月，145-165 ページにおいて検討されている。ただし，本報告書の出版された日本語訳はない。

組織における財務会計：概念的問題の予備的研究』(アンソニー報告書)である。これは，FASBが非営利組織の財務会計を議論する場合に解決することが必要な概念的問題の予備的研究として，ハーバードビジネススクールのRobert N. Anthony教授に委嘱して作成されたものである。アンソニー教授は，専門分野のアドバイザーの協力をえながら，10ヶ月以内という短期間で205ページに及ぶこの報告書を執筆した。アドバイザーのなかには，第2章，第3章でとりあげたRobert J. Freeman教授も含まれている。

アンソニー報告書の目的は，当時のFASB会長Armstrongが述べたように，それまでFASBでは取り上げられてこなかった非営利会計について，「その公開的検討の基礎となるような諸論争点の明確化」であった。本報告書の特徴もこの目的に規定されている。すなわち，本報告書は，基本的には，53人に及ぶアドバイザーから1000ページを超えたと言われるコメントを整理し集約することに徹している。1つの論争点に対して，いくつもの代替案が示され，さらにそれに対する賛否両論が並記される。Anthony自身の積極的意見を期待してもなかなか見つけることができないのである。しかしながらまた，そこにアンソニー報告書の価値があるように思われる。本報告書を通じて，われわれは，アメリカの各種非営利組織の会計がもつ概念的，個別的諸問題を具体的に知ることができるからである。本章では，そのすべてを紹介・検討するわけにはいかず，主要な概念的問題に限定した。

このアンソニー報告書をもとに，1978年6月にFASB討議資料『財務会計および報告のための概念フレームワークに関する論争点の分析：非営利組織の財務報告の諸目的』[2]が作成され，1980年3月のFASB公開草案『財務会計諸概念報告書試案：非営利組織の財務報告の諸目的』[3]を経て，1980年12月，SFAC第4号『非営利組織の財務報告の諸目的』が公表されるに至るのである[4]。

---

(2) FASB, *Discussion Memorandum, an analysis of issues related to Conceptual Framework for Financial Accounting and Reporting : Objectives of Financial Reporting by Nonbusiness Organizations,* FASB, June 1978.

第1節　アンソニー報告書の意義　89

しかし，第4号には，アンソニー報告書の内容は必ずしも充分には取り入れられていないように思われる。したがって，アンソニー報告書を検討することにより，FASBの非営利会計諸概念形成の原点を探るとともに，さらに，SFACには引き継がれなかった諸概念を明らかにすることは，SFACの諸概念を分析する上で，必要な作業であると思われる。

第2項　アンソニー報告書の概要

アンソニー報告書は，ASOBATで提起され，トゥルーブラッド報告書，SFACと引き継がれた意思決定有用性アプローチを踏襲している。約200ページ全5章から成っている。第1章「序論」では，当時の状況および研究の目的，範囲，計画等を説明している。まず，「FASBもその前身の諸団体も非営利組織のためのGAAPを公表したことがない」（アンソニー報告書p.1）[5]ことを指摘する。そして，FASBは，「財務会計および報告の諸基準を設定し改善するために存在」しているのであり，営利企業のためだけではなく，非営利組織のための財務会計および報告の諸基準を公表することの必要性が指摘される（アンソニー報告書pp.4-6）。

ついで，第1章は，会計諸基準作成の基礎となる概念フレームワークの必要性を述べ，研究の目的と範囲を示している。研究の目的は，「非営利組織の財務報告の諸目的と基礎概念についての報告書を作成するうえでの諸問題を識別すること」であり，範囲は，「非営利組織の一般目的財務報告の諸目的と諸概念に限定される」（アンソニー報告書p.7）。そこで，営利組織から区別される非

---

(3)　FASB, *Exposure Draft, Proposed Statement of Financial Accounting Concepts, Objectives of Financial Reporting by Nonbusiness Organizations*, FASB, March 1980.

(4)　アンソニー報告書がSFAC第4号の策定に指導的役割を果たしたことは，藤井秀樹「非営利組織体のコントロールと会計の役割」『組織科学』第32巻第1号，1998年9月，24ページで指摘されている。

(5)　本書では，アンソニー報告書からの引用箇所は本文中で（アンソニー報告書p. xx）と表示する。

営利組織の本質および非営利組織の種別が検討される。また，内部会計，予算情報，特別目的報告書，会計基準，人的資源会計と社会会計，測定概念などは研究範囲から除外されることが言明される（アンソニー報告書 pp. 10-21）。

研究の計画としては，トゥルーブラッド報告書と同様のツーステージアプローチ，すなわち，財務報告の利用者が必要とする情報を定義したうえで，それらの情報ニーズを満たす諸概念を識別する（identify）という二段階のアプローチが採用されている。第1章の最後では専門用語の説明がなされているが，この専門用語の説明は必要に応じて紹介することとしたい。

第2章「利用者および利用者情報ニーズ」は，非営利組織の財務報告の利用者と彼らの情報ニーズを識別する。第3章「財務諸表に関する利用者ニーズ」では，非営利組織の主要財務諸表である財務フロー報告書と業務報告書を中心に利用者が必要とする情報について議論されている。第4章「取り上げた論争点」では，財務諸表で報告される具体的問題，たとえば非収益業務インフローや減価償却などの取扱に関する異なった諸見解が示されている。第5章「非営利会計諸概念の境界」では，営利組織から区別される非営利組織の本質を規定する諸要因の特徴が検討されている。以上のような各章の中で，16個の論争点（issues）が示されているが[6]，これら16の論争点は，主として，アンソニー報告書が行った検討の結果として提起された論争点であり，以後の研究に対する問題提起という性格のものである。したがって，本章の叙述はこれら論争点の順序には従っていない。また，すべての論争点にふれることもしなかった。

第2節　新しい組織識別アプローチ

アンソニー報告書は，それまでの SFAC では，そこで使用している「営利企業」（business enterprise）という用語が定義されていないと指摘している（アンソニー報告書 p. 159）。したがって，非営利会計の諸概念を開発する上で必要な組織の識別が不十分であり，まず組織識別のための方法（アプローチ）の検討が必要であると指摘する。それが，第3項でみる「2つのアプローチ」であるが，

その前に，関連する用語を整理しておきたい。

---

(6) アンソニー報告書で提示された16個の論争点は，以下のようなものである（アンソニー報告書 p. xi, xii）。

利用者および利用者情報ニーズに関する論争点
1. 財務報告書情報の主要な利用者を，支配機関，投資者・債権者，資源提供者，監視機関，構成員とするのは適切か？
2. 利用者によって必要とされる財務報告書情報を，財務的存続可能性，財政的準拠性，管理業績，提供されたサービスのコストとするのは適切か？

財務諸表に対する利用者ニーズに関する論争点
3. 利用者は資本フロー報告書から分離された業務フロー報告書を必要とするか？
4. 利用者は業務報告書を必要とするか？
5. 利用者は，サービスコスト報告書を必要とするか？
6. 財務フロー報告書は，支出に加えてまたは支出の代わりに，契約義務（encumbrances）を報告すべきか？
7. 利用者は，基金グループごとの報告書よりも，組織についての単一の総合された報告書を必要とするか？そうであれば，基金グループの構成を決定すべき規準は何か？
8. 貸借対照表に関連する概念的論争点はあるか？

個別的問題に関する論争点
9. 一会計期間の非収益業務インフローは，どのように測定されるべきか？
10. 基本財産収入（endowment earnings）は，どのように測定されるべきか？
11. 資本資産の使用料はどのような状況の下で消費項目として記録されるべきか？
12. 年金コストは，関連するサービスがなされた期における消費として表されるべきか？
13. 寄付されたサービスはどのような状況の下で，それらの公正価値で費用項目として報告されるべきか？

非営利会計諸概念の適用組織に関する論争点
14. 会計諸概念の開発のために，ビジネス組織をどのようにその他の組織から区別するべきか？
15. 連邦政府または州政府あるいはその両方は，ノンビジネス組織の財務会計諸概念の適用範囲から除外されるべきか？
16. 全てのタイプのノンビジネス組織に単一の諸概念が適用されるべきか，または政府組織，非政府ノンビジネス組織またはより多くの区別が必要か？

第1項　Not-For-Profit と Nonprofit

　第2章で検討した第一次フリーマン委員会報告書では，非営利組織について，not-for-profit organization（NFPO）と nonprofit organization（NPO）を明確に区別していた。すなわち，NFPO とは，意図的・意識的利益動機をもたない組織のうち，① 個人的にまたは個別的に所有された持分割合または持分権がなく，② 持分権が売却されたり交換されたりせず，③ 元本の拠出者または後援者から直接または比例して財務的便益を要求されない組織を指すのであり，それ以外の非営利組織が NPO であるとしていた。そして検討対象は，この NFPO であった（トゥルーブラッド報告書でも，NFPO の用語を使用している）。

　アンソニー報告書は，NPO を採っているのであるが，NFPO と NPO の用語を比較して，① nonprofit は not-for-profit よりも短いこと，② nonprofit 組織を営利会社のうちの欠損会社と誤解する人がいるかも知れないこと，③ 各種の著名辞書[7]では，not-for-profit を載せておらず，nonprofit（または non-profit）を採用していること，④ データベースでみると，連邦裁判所の文書のうち，1367 の文書で nonprofit が使用され，not-for-profit は 320 の文書で使用されているにすぎないことなどを指摘している（アンソニー報告書 pp. 34-35 footnote13）。そこでの指摘からみると，アンソニー報告書は NPO と NFPO を同義語と捉え，前者の呼称がより一般的かつ多数例であるとしているのである。

第2項　Nonprofit と Nonbusiness

　前述のようにアンソニー報告書は，営利組織（profit-oriented organization）に対する非営利組織としては，NFPO ではなく NPO を使用している。また，その範囲は，さきのフリーマン委員会報告書の NFPO の範囲とほぼ同じとみてよいだろう（アンソニー報告書 p. 161）。ところが，アンソニー報告書はその対象とする「非営利」組織を，NPO ではなく nonbusiness organization（以下，

（7）　*Black's Law Dictionary*, *Kohler's Dictionary for Accountant's*, *the International Dictionary*, *Funk and Wagnals Dictionary* および *American Heritage Dictionary*。

organization は org. と略す）としている（これは SFAC 第 4 号にも共通した用語法である）。

　ではなぜ，NPO ではなく nonbusiness org. を用いているのだろうか。わが国では，nonprofit も nonbusiness も等しく「非営利」と訳されており，その区別は問題になっていないようである。だが，ここでは，両者の違いにまず注目してみたい。アンソニー報告書が，nonbusiness を使った理由は，それまでの SFAC が取り上げた営利企業 business enterprise 以外の組織を研究対象とすることから，対比的に使用したのではないかということが考えられる。しかしながら，対比という点でみれば，アンソニー報告書で NPO に対比されているのは profit-oriented org. であって，business enterprise ではない。また nonbusiness org. に対比されているのは，business org. であり，business enterprise ではない。なぜ business enterprise を使わないのかという疑問に対しては，アンソニー報告書が，business enterprise の enterprise には，利益志向 profit-oriented という意味が含まれているので，本報告書では business org. を使用する（アンソニー報告書 p. 35 footnote 14）と述べていることが答えているように思われる。すなわち，本報告書は，ビジネスを営利という内容を含まない用語として使用することによって，新たな組織識別方法を開発しようと試みたのではないだろうか。では，アンソニー報告書は，business org. を営利組織ではないどのような組織と，nonbusiness org. を非営利組織ではないどのような組織と規定しているのだろうか。これについては次項で検討する。

　アンソニー報告書における nonprofit と nonbusiness の区別の意味を検討するためには，まず，両者を共に「非営利」と呼んで混同しないことが必要である。しかし，nonbusiness の適切な訳語がいまだ思いつかない。そこで，本章ではとりあえず nonbusiness またはノンビジネスと表記することにしたい。

第 3 項　組織を識別する 2 つのアプローチ

　アンソニー報告書が，ノンビジネスという概念を用いるのは，非営利組織の形態を識別するための新しい概念を必要としたからである。本報告書第 5 章では，business/nonbusiness をキーワードにして組織を識別するための 2 つのア

プローチ，「営利・非営利アプローチ」と「財務資源源泉アプローチ」を提示している[8]（アンソニー報告書 pp. 160-172）。「営利・非営利アプローチ」によれば，営利 = business，非営利 = nonbusiness となり，あえて business をキーワードとする意義が認めがたい。ところが，「財務資源源泉アプローチ」によると，この対応関係が変化するのであり，アンソニー報告書の狙いもここにあるように思われる。

(1) 「営利・非営利アプローチ」

「営利・非営利アプローチ」（profit/nonprofit approach）では，利益志向組織がビジネス組織とされ，非営利組織がノンビジネス組織とされる。非営利組織は，「一般的に，① 利益を生み出すことを第一の目的としては業務を行わず，② その資産または利益を，会員，役員，または職員に分配せず，また彼らに便益を与えないという組織」と定義され，さらに，「解散の場合には，その収益は，他の非営利組織へ移されるかまたは州に返され，決して個人へは還元されない」という特徴を有する（アンソニー報告書 p. 161）。

(2) 「財務資源源泉アプローチ」

「財務資源源泉アプローチ」（source of financial resources approach）とは，すべての組織をその財務資源の源泉によって区別しようという新しいアプローチである。財務資源の源泉は，2つのタイプに区別される。「財貨・サービスの販売による収益を源泉とする」Aタイプと「財貨・サービスの販売による収益以外

---

[8] 営利・非営利アプローチおよび財務資源源泉アプローチは，基準（basis）とも呼ばれている。また，本報告書では，その他の区別として，パブリックセクター／プライベートセクター，活動のタイプ，投資者所有，投資者の動機，資源使用の制限，寄付者への便益，財貨・サービス生産をあげているが，これらの区別は，有用でないか，または営利・非営利アプローチまたは財務資源源泉アプローチのいずれかと実質的に等しいことが説明されている。営利・非営利アプローチおよび財務資源源泉アプローチについては，大坪宏至「非営利組織体会計の基礎-会計実体としての非営利組織体概念について-」『経営論集』（東洋大学経営学部）第40号，1994年3月，42-43ページでも引用されている。

のものを源泉とする」Bタイプである。

　営利組織はもちろんAタイプに属する。これに対して非営利組織は，AタイプとBタイプに分裂する。すなわち，財務資源のほとんどを財貨・サービスの販売による収益から得る非営利組織はAタイプであり，財務資源のほとんどを収益以外の源泉から得る非営利組織はBタイプである。Aタイプ非営利組織の例は，財務資源のほとんどを，授業料等およびその他の料金から得る学校・大学，患者料金から得る病院，非営利である相互生命保険会社，信用組合，協同組合などであり，Bタイプ非営利組織の例は，財務資源のほとんどを徴税により得る各政府単位，寄付金や補助金により得る学校・大学，病院などである。そして，Aタイプの非営利組織が営利組織と一緒にビジネス組織とされ，Bタイプの非営利組織のみがノンビジネス組織とされる。

　したがって，両アプローチの相違は，Aタイプ非営利組織をノンビジネス組織とするかビジネス組織とするかの相違であると見ることもできる。両アプローチの関係は，アンソニー報告書で次のように図示されている（アンソニー報告書 p. 161）。

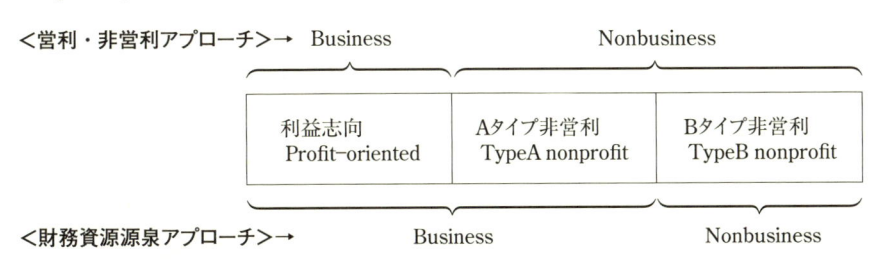

＜営利・非営利アプローチ＞→	Business	Nonbusiness	
	利益志向 Profit-oriented	Aタイプ非営利 TypeA nonprofit	Bタイプ非営利 TypeB nonprofit
＜財務資源源泉アプローチ＞→	Business		Nonbusiness

　アンソニー報告書は，2つのアプローチの優劣についての価値判断を示さずに，両アプローチを肯定する根拠をそれぞれ客観的に列挙している。

(3) 営利・非営利アプローチを肯定する根拠

　このアプローチは，AタイプとBタイプの同一性を重要視して，両組織をあわせてノンビジネス組織とする。その根拠は以下のとおりである。

　(1) 適用可能性：非営利の定義は，内国歳入法および諸法令に述べられて

いるので，財務資源の源泉による区別よりも容易である。

(2) 目標の相違：利益志向組織は，利益獲得を目標とするのに対して，非営利組織は，社会一般または会員グループのいずれかにサービスを提供することを目標とする。

(3) 最終結果の意義：利益志向組織の稼得利益は，目標達成の指標である。しかし，Ａタイプ非営利組織においてさえ，収益と費用の差（最終結果）はその組織の目標達成の指標とはならない。

(4) 情報ニーズの相違：非営利組織の財務諸表利用者は，様々な種類のサービスがどれぐらいなされたかに関心があり，サービスの種類は事業計画に対応するので，事業計画ごとの消費に対する情報ニーズをもつ。これに対して，利益志向組織においては，このような情報ニーズは少ない。

(5) 株主持分：非営利組織は株主がいないので株主持分もない。これに対して，利益志向組織には，株主がおり，株主持分が存在する。

(6) nonbusiness という用語から生じる誤解：ノンビジネスには，非能率的という意味があるので，財務資源源泉アプローチに基づいてＢタイプ組織をノンビジネス組織とすると，それが非能率組織であるように誤解させるおそれがある。

(7) ＡタイプとＢタイプの同一性：寄付などの非収益財務インフローは，組織が提供する財貨・サービスの提供から直接的には生じないが，間接的に財貨・サービスの価値の尺度となると考えられるので，この区別には相違性がない。

(8) 分類の変更：財務資源源泉アプローチで分類された場合，補助金で維持されている組織がその補助金を失った場合や独立採算を目指す場合に，その組織の分類が変更されることになる。

(9) 比較の困難性：財務資源源泉アプローチにより分類された場合，Ａタイプ組織に分類される病院や大学の財務諸表とＢタイプ組織に分類される病院や大学の財務諸表の比較が困難になる（アンソニー報告書 pp. 166-169）。

(4) 財務資源源泉アプローチを肯定する根拠

このアプローチは，AタイプとBタイプの相違性を重要視して，Bタイプ非営利組織のみをノンビジネス組織とする。その根拠は以下のとおりである。

(1) サービスの測定における相違：Aタイプ組織においては，提供するサービスは収益によって測定される。これに対して，Bタイプ組織の主要な財務資源源泉である非収益インフローは，提供するサービスの尺度とはならない。

(2) 資本取引と業務取引の区別：Aタイプ組織が収益として受け取った財務資源には，その使用に対する拘束がないのに対して，Bタイプ組織における非収益インフローには，その使用についての拘束が課されているものがある。したがって，Bタイプ組織では，当期の業務に使用可能な財務インフローと資本的インフローとを区別する必要がある。

(3) 消費についての拘束：Bタイプ組織においては，使用目的を拘束された財務資源の状態と使用についての情報を提供するために基金会計が必要とされる。

(4) 税収：Bタイプ組織の多くは，税収から財務資源を得る。これらの財務資源の性質は，本質的に収益とは異なる。徴税力は，必ずしもその組織がなしたサービスの金額に関連しなく，また，貸借対照表で報告されない。

(5) 目的の無関連性：利益志向組織と非営利組織の会計目的の相違は，営利・非営利アプローチの考えとは異なり，会計概念の相違とは結びつかない。これに対して，財務資源源泉の相違は，異なる会計概念を必要とする（アンソニー報告書 pp. 169-172）。

(5) Nonbusiness 使用の意味

以上のように新たに「財務資源源泉アプローチ」を提示しているところから，アンソニー報告書が検討対象とする組織を指す用語として nonprofit ではなく nonbusiness を使用したことの理由が推測されうる。すなわち，アンソニー報告書では，営利（利益志向）という内容を含ませない business/nonbusiness をキー

ワードに据えることによって,「営利・非営利アプローチ」とは異なる組織区別のアプローチを提起したのである。それは,財務資源の源泉を主として収益から得るか否かに基づくものであり,そのことにより,非営利組織を,収益を得て業務を行う組織と寄付や補助金を得て業務を行う組織の2種類に区別して,後者をノンビジネス組織とする案を新しく提示したのである。したがって,アンソニー報告書は,会計諸概念の開発において,これまでの営利・非営利という識別アプローチに満足せず,「財務資源源泉アプローチ」を実質的に支持しているのではないかと見られる。これは,営利,非営利の統合的会計概念を形成する方法としては,注目すべき見解である。この「財務資源源泉アプローチ」に基づく組織区別は SFAC 第4号に受け継がれて,そこでは, nonbusiness が使われることになった。(第6号では,「営利・非営利アプローチ」に転換し, not-for-profit 概念が使われることとなった。このことについては,第5章第3節で述べる)。しかし営利を目的に収益を得る組織と営利を目的とせずに収益を得る組織の双方を共に「ビジネス組織」として共通の会計諸概念を適用しうるのかという点には,疑問が残るのである。

　以上のように,アンソニー報告書は,実質的には「財務資源源泉アプローチ」を支持していると思われるが,ビジネス・ノンビジネスを営利・非営利のように用いているところがある。本章では,そのような場合には営利・非営利と訳している。

第4項　全組織単一概念説

　アンソニー報告書では,2つのアプローチの他に,さらにもう1つ副次的代替案として,簡単ではあるが,「営利非営利単一概念説」(Single Set of Concepts) を示している。これが, FASB 統合的会計概念フレームワークへ引き継がれたものである。「営利非営利単一概念説」の根拠は以下のようなものである(アンソニー報告書 pp.173-175)。

　(1)　両者の相違は重要ではない

　　　利益志向組織とAタイプ非営利組織との間の相違は,別個の会計諸概

念を必要とするものではない。利益志向組織における資産，負債，収益，費用，利得，損失の定義は，Aタイプ非営利組織に等しく適用される。これに対して，Bタイプ非営利組織には，会計に影響を及ぼす相違が3つある（非収益業務インフローを明らかにする方法，消費についての拘束を明らかにする方法，および課税力）。これら3つの相違を除けば，財務会計諸概念は，ビジネス組織とノンビジネス組織両方にとって本質的に同じである。
(2) 組織分類の実行は困難である

　ある組織がビジネス会計諸概念を適用されるのかノンビジネス会計諸概念を適用されるのかを決定することは困難である。
(3) 単一概念は容易に作成できる

　単一概念は，ビジネス組織のための会計諸概念をわずかに修正するだけで作成しうる。

　以上のように単一概念肯定説が示されているが，アンソニー報告書では，営利会計と非営利会計の概念フレームワークを統合しようという見解は，中心的には取り扱われていない。

第3節　利用者および利用者情報ニーズの識別

アンソニー報告書は，意思決定有用性アプローチをとっているので，財務報告の利用者および利用者の情報ニーズの識別が重要な問題となっている。

第1項　利用者と情報ニーズの特定

アンソニー報告書は，非営利組織の一般目的財務報告書の利用者として，以下の5つのグループをあげるとともに，それぞれの具体的情報ニーズについても述べている（アンソニー報告書 pp.42-44）。

(1) 支配機関

　支配機関には，政府組織の審議会，当局，非営利組織の理事会を含む。支配機関は，「業績管理（効率性と政策または拘束準拠性の両方）を判断する

基礎として有用な情報」を必要とし，また，「将来の事業計画および政策を決定するのに有用な情報」を必要とする。支配機関は，財務情報の内容を規定する権限を有するので，外部利用者とはみなさない論者もいる。しかし，支配機関の多くは，実際にはこの権利を行使しないことから，一般目的財務報告書の利用者に含まれる。

(2) 投資者および債権者

ここで言う投資者（investor）とは，持分証券の所有者（株主）ではなく，現在と将来の債券所有者である。投資者および債権者は，非営利組織の財務情報に対して，営利企業の財務情報に対するのとほぼ同様のニーズをもつ。すなわち，必要とする情報は「組織の財政状態，業務業績，および貸付が返済される可能性の指針として資金の源泉および使用についての情報」である。

(3) 資源提供者

資源提供者は，支配機関であることもあるが，寄付者，将来の寄付者，連合資本調達組織，有料会員を含む。資源提供者が必要とする情報は，その組織に資源を提供するかどうかの意思決定を行うための「組織の活動の性質およびその管理の能率性と有効性についての情報」である。

(4) 監視機関

監視機関には，議会の監視委員会，規制力をもつ政府機関，地方支部をもつ組織の全国本部，および認可機関が含まれる。監視機関の情報ニーズとしては，固有のニーズは示されておらず，それは支配機関の情報ニーズに類似するが，監視機関は支配機関ほどにはその組織の業務に密接な関わりをもたないので，その情報ニーズはより一般的な性質である傾向があるとされている。

(5) 構成員

構成員とは，納税者，会員，一般公衆などである。構成員は，「組織の活動の性質とそれが有効にまた効率的に管理されているかについての情報」を必要とする。

第2項　利用者の情報ニーズの分類

アンソニー報告書は，前項であげた5つの利用者グループのそれぞれ具体的な情報ニーズを一般化して以下の4つに分類している（アンソニー報告書 p. 48-52）。

(1) 財務的存続可能性（financial viability）

　　利用者は，組織の存在理由となっているサービスを提供し続けるための能力を示す情報を必要としており，このニーズから，財務的存続可能性についての情報が必要とされる。財務的存続可能性は，組織の資産と負債の差によって示され，また，一期間の財務資源のインフローとアウトフローとの関係によって示される。

(2) 財政的準拠性（fiscal compliance）

　　非営利組織は，財務資源の消費に関して拘束を受けることが多く，利用者は，組織がこの拘束に従っていることを示す情報を必要としており，それが財政的準拠性についての情報である。当時の非営利組織による財務報告書は，この情報を提供することを第一の目的としており，この情報ニーズが基金会計システムを必要とする根拠となっている。

(3) 管理業績（management performance）

　　利用者は，非営利組織の管理者が規則に従っていることだけではなく，組織の金銭をどのように適切に消費しているかについての情報も必要としている。このニーズから，管理業績についての情報が必要とされる。

(4) 提供されたサービスのコスト（cost of services provided）

　　利用者は，事業計画のために使われた金額についての情報を必要としている。事業計画に費やされた金額は，必ずしもなされたサービスの量または質のいずれの尺度にもならないが，努力の相対的大きさの尺度となる。

第3項　目標達成度情報の除外

アンソニー報告書は，上記4分類の情報ニーズの他に，営利組織の財務報告

書の役割と対比させて，非営利組織にも，もう1つの情報ニーズがあることを認めている。すなわち，営利組織は，利益の獲得を目標としており，財務報告書はその利益獲得目標の達成度についての情報を提供しているのであるから，非営利組織の財務報告書も，組織の目標達成に関する情報を提供すべきであるという見解である。また，トゥルーブラッド報告書も目標の達成を量的に表現すべきであると述べていること(9)を引用し，そのような情報の必要性を認めている。しかしながら，アンソニー報告書は，非営利組織の「目標達成についての情報を提供するためには，金銭的または少なくとも量的に目標を述べなければならない」が，「非営利組織の目標は，様々なタイプのサービスを提供すること」であるので，現在の技術では非営利組織の目標を量的に表現することはできず，したがって目標の達成についても測定することができないとする。このような理由から，目標の達成について報告することは奨励されるべきであるが，財務報告書によって満たされるべき情報ニーズには含まないとしている（アンソニー報告書 pp. 52-53）。

第4節　非営利組織に必要な財務諸表

　アンソニー報告書では，前節で述べたように利用者とその情報ニーズを特定しているが，財務報告書がそれらの情報ニーズを完全に満たすものではないという限界を認めている(10)。その上で，利用者情報ニーズに応えるために必要な財務諸表情報を検討している。

---

(9)　「政府組織および非営利（not-for-profit）組織のための財務諸表の目的は，組織の目標を達成する際の，資源管理の有効性を評価するために有用な情報を提供することである。業績測定は，識別された目標の見地から量的に表現されるべきである」（AICPA, Study Group on the Objectives of Financial Statements, *Objectives of Financial Statements*, AICPA, 1973, p. 51）。

(10)　「財務報告書が完全に必要を満たすと考えられるべきではない。財務報告書は，せいぜい，利用者の分析の出発点として役立つだけである」（アンソニー報告書 p. 53）。

第 4 節　非営利組織に必要な財務諸表　　103

　アンソニー報告書は，2つのフロー報告書と1つのストック報告書を主要財務諸表とし，それらを財務フロー報告書 (financial flow statement)，業務報告書 (operating statement) および貸借対照表 (balance sheet) と呼んでいる。「財務フロー報告書」は，営利組織の「財政状態変動報告書」に類似するものであり，「業務報告書」は「損益計算書」に類似するものである。アンソニー報告書は，ストック表である「貸借対照表」については，フロー報告書に従うものとして検討の対象から除外している（アンソニー報告書 pp. 62-69）。さらに，非営利組織の報告書としては，基金別の報告書と組織全体としての総合報告書のどちらが利用者にとって有用であるかが検討されている。

　以下，非営利組織に必要な報告書についてのアンソニー報告書での検討を見ていくこととする。

第1項　財務フロー報告書
(1)　概　　要

　財務フロー報告書 (financial flow statement) とは，当期の財務資源インフローと，支出または資産交換あるいはその両方を報告する財務報告書である（アンソニー報告書 p. 61）。この報告書は，営利企業における財政状態変動報告書に相当する報告書であり，また通称では，資金フロー計算書 (funds flow statement) として知られている。しかし，資金 (funds) は，基金会計において使用される基金 (funds) という言葉と混同されるおそれがあるので，財務フロー報告書という表現を使用したとしている（アンソニー報告書 p. 31）。

　財務フロー報告書で提供される情報は，以下のように表すことができる。

```
                          ┌─ 財務資源インフロー ─┬─ 業務インフロー ─┬─ 収益（インフロー）
                          │                        │                    └─ 非収益業務インフロー
財務フロー報告書 ─┤                        └─ 資本的インフロー
                          ├─ 支　　出
                          └─ 資産交換
```

　財務資源インフローとは，組織の持分を増加させる一会計期間の間に利用可

能な全ての財務資源である。財務資源インフローは，業務インフロー（operating inflows）[11]と資本的インフロー（capital inflows）からなる（アンソニー報告書 p. 60）。業務インフローは，財務資源インフローのうち当期の業務活動に関連するものであり，収益と非収益インフローからなる。収益とは，「一期間の企業（enterprise）の財貨の引渡または生産，サービスの提供，またはその他の利益獲得活動からの資産の総増加額または負債の減少額（または両者の組み合わせ）」（アンソニー報告書 pp. 60-61）とされている。この収益の定義は，FASB の公開草案『営利企業の財務報告の諸目的と財務諸表の構成要素』における定義[12]をそのまま採用したものである。非収益インフローとは，収益以外の全ての業務インフローであり，たとえば，そのインフローが当期の業務活動に関連させられる寄付，他の実体によりなされた予算割当，寄贈，および税などが含まれる（アンソニー報告書 p. 61）。資本的インフローは，業務インフロー以外の全ての財務資源インフローであり，たとえば，そのインフローが当期の活動の便益よりも将来の期間の活動の便益を意図する寄付，他の実体からの予算割当，寄贈，および税などがそれに該当する（アンソニー報告書 p. 61）。ここでの資本的インフローという用語は，当期の業務活動には関係しないという意味で使用されており，営利会計における損益取引と資本取引の区別と本質的に同じ意味であるとされている[13]（アンソニー報告書 p. 72）。

業務インフローに対応するアウトフローである支出（expenditure）とは，当期の業務活動に使用されたかどうかに関わらず当期に獲得された財貨およびサービスの額の貨幣的測定である（アンソニー報告書 p. 61）。資産交換（asset conversions）とは，組織の持分を変化させない，ある資産または負債を他の資

---

(11) operating は，営利会計では「営業」と訳されているが，ここでは「業務」と訳した。

(12) FASB, *Exposure Draft, Objectives of Financial Reporting and Elements of Financial Statements of Business Enterprises*, FASB, 1977, par. 54.

(13) 非営利組織には，営利企業と同義の「資本」は存在しないにもかかわらず，「資本」概念がアナロジカルに使用されているのは問題であろう。このような使用が営利会計と非営利会計の概念的区別を曖昧にする1つの原因となっていると思われる。

産または負債へと交換する取引である（アンソニー報告書 p.61）。

アンソニー報告書は，財務フロー報告書の例として，6つのタイプをあげているが，それぞれ特殊なタイプを例示しており，一般的なタイプが示されていない。そこで，アンソニー報告書での例示および説明をもとに一般的と思われる財務フロー報告書を作成してみると次のようになる。

財務フロー報告書

財務資源インフロー		
業務インフロー		
収　益		400
非収益インフロー		
基本財産利益	90	
業務のための寄付	60	150
業務インフロー合計		550
資本的インフロー		
基本財産利益		10
基本財産寄付		140
資本的インフロー合計		150
財務資源インフロー合計		700
支出		
業務支出		540
追加設備		120
支出合計		660
現金増加		40

(2) 業務フローと資本的フローの分離報告の是否

アンソニー報告書では，財務フロー報告書に関する論争点として，第1にそれを業務フロー報告書と資本的フロー報告書とに分離して報告すべきか否か，第2に契約義務基準により財務資源の消費を報告すべきか否かをあげている。

財務フロー報告書を業務フロー報告書と資本的フロー報告書に分離することに対する肯定説と否定説は，以下のようなものである（アンソニー報告書 pp.73-76）。

(1) 分離肯定説

① 資本的フローに対する拘束の存在

　　非営利組織においては，資本的目的のための財務資源インフローは，用途の制限を付されていることが多く，資本的目的の財務資源を当期の業務のために使用することはできない。例えば，固定資産の取得のための資金

はその目的のためにのみ使用可能であり，当期の業務から生じた負債の返済には利用できない。
② 利用者ニーズ
利用者は，当期の業務についての情報を必要としており，そのために業務フロー報告書を必要とする。
③ 予算準拠性のチェック
非営利組織の業務活動は業務予算によって管理されるので，予算に対する準拠性をチェックするために必要とされる。
(2) 分離否定説
① 誤解を生じる可能性
当期の業務に影響しない資本的フローを除外することは，組織の現実の業績を控えめに表現することになり，利用者に誤解を与える。たとえば，業務欠損を報告している大学でも，資本的フローを含めれば欠損は生じないという例があげられている。
② 報告書の断片化
分離された報告書は，全体としての組織の財務資源フローの把握を困難にさせる。単一の財務フロー報告書は営利企業における実務とも一致する。
③ 予算準拠性チェックの代替可能性
予算に対する準拠性は他の方法によって保証されうる。例えば，監査人の報告書によって保証されうる。
④ 財務的順調性の尺度
財務会計の目的が「順調性」(well-offness) または「期間経済力の純増加」を測定することであるならば，資本的資源の受取は順調性を増加させる。
(3) 契約義務基準採用の是否
アンソニー報告書は，財務フロー報告書に関するもう1つの論争点として，支出だけではなく契約義務をも報告すべきかどうかをあげている。契約義務 (encumbrance)[14]とは，「財貨またはサービスを獲得するための契約上の義務」(アンソニー報告書 p.95) であり，契約義務基準によれば，財務資源の消費を義務

第4節　非営利組織に必要な財務諸表　107

づける契約が行われたときにその財務資源の消費を記録する基準である。企業会計においては，契約義務基準に対応する基準はなく，契約はそれが実行されるまで，すなわち支出が生じるまでは勘定に記入されない。しかし，契約義務基準は，「連邦政府会計の第一の基礎であり，また，多くの州および地方政府会計の重要な基礎」（アンソニー報告書 p. 95）となっていることが指摘される。財務資源の消費を契約義務基準に基づいて報告することに対する肯定説は，以下の通りである。

(1) 契約義務基準肯定説

　　ある年において生じた契約義務は，その年の管理者によって生じさせられたものであるので，その管理者が責任を負うべきであること。「非営利組織における重要な事象は，財貨またはサービスの遂行よりもむしろ，財務資源使用に対する取消不能な契約の成立である」ので，そのような契約がなされた時点で財務資源の消費を認識すべきであること。また，アウトフローの報告に関して，契約義務基準は最も保守的な会計基準であることがあげられている（アンソニー報告書 pp. 96-97）。

(2) 契約義務基準否定説

　　契約義務は，「それらが支出または費用に変わる年までは，財務資源のフローも物品またはサービスの使用も反映しない」（アンソニー報告書 p. 97）こと，また，「財務諸表への注記または基金残高の分離によって」契約義務は十分報告されること，などが指摘されている（アンソニー報告書 pp. 97-98）。

第2項　業　務　報　告　書

(1) 概　　要

財務フロー報告書とならぶ業務報告書 (operating statement) は，業務インフローと費用および両者の差額を報告する財務報告書であり，営利企業における損益

---

(14)　encumbrance は「支出負担」と訳されることもあるが，ここでは「契約義務」と訳した。

計算書に相当するものである（アンソニー報告書 pp. 31, 61）。業務インフロー，収益，非収益インフローの定義は，すでに本節第1項で紹介した。すなわち，業務インフローは，財務資源インフローのうち当期の業務活動に関連するものであり，収益と非収益業務インフローからなる。収益は，一期間の企業の財貨の引渡または生産，サービスの提供，またはその他の利益獲得活動からの資産の総増加額または負債の減少額（または両者の組み合わせ）である。非収益インフローは，収益以外の全ての業務インフローであり，たとえば，そのインフローが当期の業務活動に関連させられる寄付，他の実体によりなされた予算割当，寄贈，および税などが含まれる。ここで新しく登場する費用（expenses）とは，当期の業務活動のために使用された財貨およびサービス額の貨幣的測定である（アンソニー報告書 p. 61）。

業務報告書で提供される情報は，以下のように表すことができる。

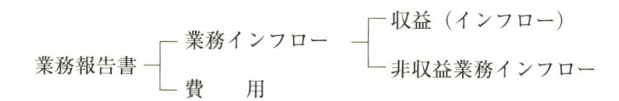

```
業務報告書 ─┬─ 業務インフロー ─┬─ 収益（インフロー）
            │                    └─ 非収益業務インフロー
            └─ 費用
```

アンソニー報告書では，次の3つの特徴を有するもののみを業務報告書とする。すなわち，① 業務インフローを報告すること，② 費用を報告すること，③ 業務超過額または欠損という最終差引額をもつこと，である。また，ここでの検討では減価償却の問題を除外している（アンソニー報告書 pp. 77-78）。

3つの特徴のうち，とくに注目すべきことは，②の費用を報告するという点であろう。なぜなら，この点によって，業務報告書は，業務インフローと支出を報告する業務フローの報告とは異なっており，また，財務フロー報告書では提供されない費用情報を提供することとなるからである。アンソニー報告書で指摘されている業務報告書に関する第一の問題も，この費用を報告するという特徴から生じている。以下，業務報告書に関する論争点についてみていく。

(2) 費用と支出の相違と報告必要性の是否

アンソニー報告書は，業務報告書に関する第一の問題として，費用を報告する必要があるのかそれとも支出を報告するだけで十分なのかという問題提起を

行い，費用（expenses）と支出（expenditures）の相違および費用報告と支出報告それぞれの支持説を示している。まず，費用と支出の相違についての説明をみよう。

(1) 費用と支出の相違

アンソニー報告書は，費用と支出の相違として，まず，両者の測定のタイミングについて次のように述べている。「費用は，一期間に使用または消費された財貨およびサービスの金額を測定する。支出は，使用または消費された金額ではなく，一期間に取得された財貨およびサービスの金額を測定する。財貨およびサービスの取得には相当する負債（ある取引の場合には現金支払）が伴う。それゆえ，費用と支出は測定のタイミングに関して異なる」（アンソニー報告書 p. 78, 傍点は引用者）。

費用と支出のもう1つの相違として，「費用は常に一期間に使用された物品とサービス，すなわち厳密には業務資源に関連するのに対して，支出はしばしばいくつかの資本項目，すなわち多くの将来期間に使用されるであろう項目を含む」と指摘している。この相違から，「支出は，業務取引と資本取引の混合」である点が指摘される（アンソニー報告書 p. 80）。

アンソニー報告書は，現金基準と発生基準について，現金基準は，現金受取と支払だけを報告するものなので，現金会計基準が採用された場合，負債も現金以外の資産もどちらも報告されないことになり受け入れられないと述べている。また，「発生基準は現金基準からはずれるどんな基準にも関連しうる」（アンソニー報告書 p. 81）ことに注目し，発生という用語は様々な意味をもつので使用せず，その代わりに，費用，支出という用語を使用すると述べている（アンソニー報告書 p. 81）。

以上のように費用と支出の相違を明らかにしたうえで，いずれを業務インフローに対応させるかに関して支出説と費用説を示している。

(2) 支出報告支持説

基本的な支出支持説は，「非営利組織はその年度に取得された全ての財貨およびサービスに対して十分な財務資源をその年度に生み出さなけれ

ばならない」(アンソニー報告書 p. 82) ということである。そして，財務資源の消費には制限が付けられており，この制限が支出用語で述べられていること，管理者が利用可能な全ての業務資源インフローを報告すること，「支出は，財務資源（収益およびその他の業務インフロー）の生産資源（消費された材料とサービスおよび棚卸資産に加えられた材料）への転換を測定する」こと，支出基準ではなく，費用基準が採用されれば，「議会，支配機関，またはその他の資金提供者は，業務の統制力を失うであろう」ことなどがあげられている（アンソニー報告書 pp. 82-83）。

とくに，支出が財務資源の生産資源への転換を測定するということについては，第三次フリーマン委員会報告書において説明されていると注記されている。

本書第3章でみたように，第三次フリーマン委員会報告書では，測定されるべき経済活動の本質を次のように図示していた[15]。

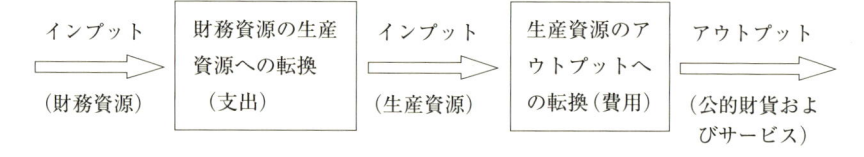

インプット → 財務資源の生産資源への転換（支出） → インプット（生産資源） → 生産資源のアウトプットへの転換（費用） → アウトプット（公的財貨およびサービス）

この図に示されているように，支出が財務資源の生産資源への転換を測定するのに対して，費用は生産資源のアウトプットへの転換を測定するという相違がある。この図にある財務資源は，現金および将来において現金になる請求権と定義され，生産資源は，生産過程において転換され利用され，経済的実体の最終アウトプットになるものである。

(3) 費用報告支持説

基本的な費用支持説は，「費用は，その年度に提供されたサービスコストを測定するものであり，もし，支出説のように棚卸資産・前払・資本

---

(15) AAA, "Report of the Committee on Nonprofit Organizations, 1973-74", *The Accounting Review*, Supplement to Vol.L, 1975, p. 6.

の金額における変化が実際のコストと混同される場合にはその測定は歪められる」(アンソニー報告書 p. 84) というものである。そして，費用基準の使用が「意思決定プロセスを支援する有意味な情報を管理者に提供するであろう」(アンソニー報告書 p. 85) こと，費用基準は資金の使用の法的管理に利用可能であること，支出基準は事実上賢明でない消費を導くであろうことなど，があげられている (アンソニー報告書 p. 85)。

ここでの支出説と費用説の違いは，業務報告書において，業務インフローと支出を対応させるか費用を対応させるかである。業務インフローは，当期の業務に関連するインフローであるので，将来の期間に使用されるであろう資産の取得を含む支出よりも，当期の業務のために使用された財貨・サービスの金額を測定する費用を対比させる方が望ましいと思われる。ただ，非営利組織のうち，財務資源を主として収益により獲得するAタイプ組織とそうではないBタイプ組織では，費用を対応させる意味と必要性は異なると考えられる。

(3) 業務報告書は必要か否か

アンソニー報告書は，以上のように支出説と費用説を提示した上で，業務報告書の必要説と不要説を示している。費用説を支持することは業務報告書を必要とすることであり，支出説を支持することは，業務報告書不要説を支持することになる。

(1) 業務報告書必要説

① 資本維持の必要

　　非営利組織は営利組織と同じ意味での利益はもたないが，資本維持の概念は両組織に適用されうる。営利組織は，概念的には，その利益が配当と等しい場合に資本を維持すると言われる。同様に，非営利組織は，概念的には，その業務インフローが費用と等しい場合に資本を維持するということができる (アンソニー報告書 p. 86)。

② 最終結果の意義

　　非営利組織の業務報告書の最終結果 (業務超過額または欠損) は，企業の

損益計算書の純利益と同じではないが，類似する意義をもつ。業務超過額の金額は，管理業績および組織の存続可能性の有意味な目安を提供する（アンソニー報告書 pp. 87-89）。
③損益計算書との類似性

　　業務報告書は，利用者がなじみのある企業の損益計算書に似ている。業務報告書がなければ，利用者は，財務フロー報告書に頼らなければならず，彼らは財務フロー報告書の利用には慣れていない（アンソニー報告書 pp. 89-90）。
(2) 業務報告書不要説
①支出を報告するだけで充分である

　　多くの非営利組織において，財務資源の使用に関する指示と拘束は支出用語でなされる。業務報告書は，費用を報告するので，それらの指示と拘束への準拠性をチェックするために有用でない。指示および拘束に対する準拠性についての情報は，財務フロー報告書によって提供されるので，業務報告書は不要である（アンソニー報告書 pp. 90-91）。
②業務報告書は誤解を招く

　　業務報告書の最終結果は，管理者，資源提供者，利用者などを誤解させる。その例を以下のようにあげている（アンソニー報告書 pp. 92-93）。

　　a. 最終結果がゼロになるような予算が設定されていても，管理不能な原因のために業務超過または欠損は生じうる。また，最終結果がゼロになるのがよい業績であるとされる場合には，管理者は不必要な消費を行う可能性がある。

　　b. 最終結果が超過額となっている場合は，寄付者は寄付が必要ないと誤解する可能性があり，構成員は受け取るべきサービスを充分に受けていないと考え，管理者を非難するかもしれない。

　　c. 営利組織における収益と費用の関係が，非営利組織の業務インフローと費用との間にない限り，最終結果に焦点を当てるのは適切ではない。欠損は，必ずしも組織の存続可能性の低下を示さない。

d. 管理者は，支出予算によって制約されるので，業務インフローから費用を引いた最終結果は，管理業績の尺度としては意味がない。

以上の理由から，業務報告書は不必要であるとする人のなかには，組織によってなされたサービスのコストを報告するコスト報告書は必要であると考える人もいる（アンソニー報告書 p. 93）。そこで，次にサービスコスト報告書の必要・不要説に移る。

(4) サービスコスト報告書は必要か否か

サービスコスト報告書は，組織によってなされたサービスのコストを報告し，業務報告書の費用の項と同じ情報を提供する（アンソニー報告書 p. 93）。したがって，業務報告書が提供される場合は，この報告書は必要ない。ここでの必要説は，業務報告書の提供には反対だがサービスコスト報告書の提供には賛成するという見解であり，不要説は，業務報告書もサービスコスト報告書もどちらも提供する必要はないという見解である。必要説は，非営利組織はサービスを提供するために存在しているので，事業計画のために消費された金額によって，提供されたサービスの金額を測定しそれを開示すべきであるというものである（アンソニー報告書 p. 94）。他方，不要説は，資源の浪費のために資源の消費が増加することもあり，資源の消費の増加とサービスの質の向上とは必ずしも対応しないので，提供されたサービスと資源の消費を結びつける必要はないとするものである（アンソニー報告書 p. 94）。

(5) 意思決定有用性アプローチとの関連

アンソニー報告書では，本節でみたように，非営利組織の主要財務諸表である財務フロー報告書と業務報告書について，どのような情報を提供するものであるかの説明を行った上で，それらがどのような利用者情報ニーズを満たすものであるかを検討している。個々の点については示唆に富むものであるが，方法論的には，矛盾を感じる。というのは，意思決定有用性アプローチを採るのならば，利用者情報ニーズから必要とされる財務諸表が導出されるべきであろう。しかし，実際には，実務で使用されていた財務諸表に情報ニーズを関連させて検討がなされているように思う。これは，意思決定有用性アプローチの方

法とは矛盾するものであるが，しかしながら，このことがまた，本報告書の有用性を増していると考えられる。意思決定有用性アプローチを採る場合でも，実際に具体的問題を検討する際には，帰納的方法をとり入れる必要があることを示す例とみることができるからである。

第3項　基金別報告書と総合報告書

非営利組織においては，財務資源提供者によってその財務資源（基金）の使用目的が指定されている場合が多く，財務情報利用者はそのような拘束がどう守られているかに関する情報を必要とする。その情報を提供するために「基金」別の報告書が作成されてきたが，基金別報告書は断片的であり，全体としての組織の実態が把握できないなどの問題点が指摘されていた。このような背景のもとで，基金別報告書（funds basis statements）と組織全体としての総合報告書（aggregated statements）のどちらが利用者にとって有用であるかの諸見解が紹介されている（アンソニー報告書 pp. 98-114）。

ここでの論争点は，利用者は，基金別報告書と組織全体についての総合報告書とのどちらを必要としているかである。総合報告書と基金別報告書それぞれの支持説は以下のようなものである（アンソニー報告書 pp. 104-112）。

(1) 総合報告書支持説

① 利用者は，組織の活動と財政状態に関心があり，基金別に作成される報告書は断片的で理解が困難である。

② 基金別に作成された報告書は，多数の基金グループや多くの区分によって混乱し，また，その年度の業務を要約するひとつの数字がないことによって混乱する。

③ ある支出をどの基金から出すべきかの決定が管理者の意思に委ねられているので，不正操作が行われる可能性がある。

④ 基金別報告書では，基金間の移転および返済が表示され，それを受ける基金の収益であるかのように誤解させる。

⑤ とくに地方政府においては，法的命令は会計システムに正確に組み込ま

れないほど複雑になってきている。また，特定の目的のために指定された財務資源（基金）も実際は相互に関連させられている。
⑥ 基金別報告書は事業計画の総コストを不明瞭にするのに対して，総合業務報告書は，事業計画の総コストを報告する。
⑦ 債権者は，全体としての組織の支払能力に関心がある。
⑧ 基金会計は，固定資産と長期負債の総額の報告に適さない。
⑨ 基金報告書を使用しなくても，消費についての拘束の性格および拘束が付されているという事実は，注記によって開示しうる。

(2) 基金別報告書支持説
① 法的準拠性を報告するために基金別の報告書が必要である。
② 非営利組織の実体は，法的なおそらく構造的な必要のために存在する個々の基金である。法的に分離された基金を結びつける総合報告書は利用者の判断を誤らせる。
③ 重要な情報はいくつかの基金をグループ化して作成される基金グループ報告書によって伝えられる。組織の全体像に関心がある利用者は，基金グループ報告書を総合することによって得られる。もし，報告書が総合基準によってのみ作成されたならば，利用者は，それを基金要素へ分解することはできない。
④ 基金別報告書は，総合報告書よりも複雑であるが，その複雑さは，複雑な状況を報告するために必要である。
⑤ 基金別報告書の欠点と指摘されるもののなかには克服しうるものがある。たとえば，業務費用情報の断片化は，全ての業務活動を含むような業務基金グループを報告することによって修正されうる。また，複雑性は，重要でない情報を省略することによって軽減されうる。

アンソニー報告書では，以上のように財務諸表を基金別に作成するか総合的に作成するかという論争点を提示している。

116　第4章　FASB非営利会計概念形成の端緒

第5節　個別問題に関する論争点

　アンソニー報告書は，以上にみたような概念フレームワークの他に，個別的論争点（非収益業務インフローや減価償却など（本章注6参照））の検討を行い，これらの個別的論争点の解決が，より有用な非営利会計概念フレームワークの形成に役立つとしている。このような個別的論争点の検討は，FASBの討議資料では明示的に取り上げられていないが(16)，非営利組織の会計基準の検討に際しては有用なものとなろう。

第6節　本章のまとめと私見

　本章では，FASBの非営利会計概念フレームワーク作成の出発点となったアンソニー報告書を検討してきた。その検討の中で，とくに注目したのは以下の諸点である。
（1）　意思決定有用性アプローチにとって不可欠な，財務報告の利用者と彼らの情報ニーズを類型化したこと。第三次フリーマン委員会報告書では，利用者とその情報ニーズは羅列されているだけで類型化されていないが，それに対して，アンソニー報告書は，支配機関，投資者・債権者，資源提供者，監視機関，構成員の5グループをあげ，それらの情報ニーズを，財務的存続可能性，財政的準拠性，管理業績，提供サービスコストの4種に類型化している。

---

(16)　「〔アンソニー報告書〕第4章（論争点9-13）で提起された諸論争点〔個別的な問題に関する論争点〕を除き，研究報告書で提起されたすべての論争点を検討する。このプロジェクトは基準を範囲に含まないので，本討議資料はそれらの〔個別的〕諸論争点を明示的には検討しない」（FASB, *Discussion Memorandum, an analysis of issues related to Conceptual Framework for Financial Accounting and Reporting : Objectives of Financial Reporting by Nonbusiness Organizations*, FASB, June 1978, p. 2.）。

第6節　本章のまとめと私見　117

(2) 組織の識別に関して，営利・非営利という従来の組織区別の他に，財務資源の主源泉（収益か収益以外か）による組織区別の方法を新しく提示したこと。そのために nonprofit ではなく，nonbusiness というキーワードを採用したこと。しかしながら，どちらの組織区別を採用するかを決定しないまま議論を行っているのは問題である。どのようなカテゴリーの組織を対象とするかによって，その会計諸概念は異なるはずだからである。

(3) 非営利会計実務で使用されている多種多様な財務諸表を，財務フロー報告書，業務報告書，貸借対照表の3種に類型化し，それらが提供する情報を明らかにした上で，利用者が必要としている財務情報を検討したこと。また，基金別報告書と総合報告書それぞれの肯定説を整理していること。しかしながら，財務フロー報告書および業務報告書の構成要素である「収益」の定義に，営利会計における収益の定義をそのまま援用しているのは問題であろう。

(4) 第一次フリーマン委員会報告書では，発生主義会計をとりいれ，非営利会計における受託責任会計から業務責任会計への移行を意図していた。アンソニー報告書が主要財務諸表として収益・費用からなる業務報告書をあげているのは，この方向によっているとみることができる。非営利会計において，業務責任会計が重視されるようになったのは，営利会計の影響と考えられるが，非営利組織実務における非能率性の問題にも原因があろう。しかしながら，業務責任会計の諸概念を導入する場合には，非営利会計に固有の「会計責任」概念を確立する必要がある。

(5) アンソニー報告書は，貸借対照表をフロー報告書に従うものとして，全く検討を行っていない。アンソニー報告書は，費用の測定を強調するためにフロー報告書を中心的に扱い，貸借対照表をフロー報告書に従うものと位置付けたと考えられる。第一次フリーマン委員会報告書は，非営利組織の特徴としてその持分の特殊性に注目していたが，アンソニー報告書では，持分についての関心が薄いのが特徴的である。

(6) アンソニー報告書は，方法論的には，フリーマン委員会報告書以上に意思決定有用性アプローチを重視している。それは，まず利用者および利用者情報ニーズを特定し，利用者情報ニーズから必要とされる財務情報を導出するという方法にみられる。ところが本報告書における実際の検討では，非営利組織の現実の財務諸表が提供している財務情報のうちのどれが利用者情報ニーズに適合するか，という逆の検討方法がとられている。これは，意思決定有用性アプローチの方法とは異なる帰納的方法である。また，個別的，具体的な問題（非収益業務インフローや減価償却など）の検討を概念フレームワーク作成の補助とする方法も帰納的方法である。このように，意思決定有用性アプローチを採りつつ，帰納的方法により補完していることが，本報告書の有用性を増している。

第5章

非営利会計概念フレームワーク
―FASB概念ステートメント第4号および第6号―

　本章では，FASBの非営利会計概念フレームワークを取り上げる。まず第1節で，FASBにおける非営利会計概念フレームワークプロジェクトの経緯と営利・非営利統合的概念フレームワーク作成志向がSFAC各号へもたらした変更を概観する。次いで第2節で，第4号が非営利組織の特徴を詳細に吟味しながら，同時に，どうして営利・非営利それぞれの分離的概念フレームワークの必要性を否定するに至ったのかを明らかにする。つづいて第3節で，統合的概念フレームワークを目指して第3号に差し替えられた第6号の財務諸表構成諸要素が，第4号の非営利組織の財務報告の目的をどのように継承したか，しなかったか，それが第3号の諸要素の改定にどのように影響を与えたかを検討する。

第1節　統合的会計概念フレームワークの概要

第1項　非営利会計概念フレームワークプロジェクトの経緯

　FASBにおける非営利会計概念フレームワークプロジェクトの経緯は，SFAC第4号および第6号の背景説明において，大略次のように説明されている (SFAC No. 4, pars. 57-66, No. 6, pars. 153-163)[1]。

　FASBの概念フレームワーク作成作業は，AICPAの『財務諸表の目的』(トゥ

（1）　以下では，SFACからの引用は，平松一夫 広瀬義州訳，『FASB財務会計の諸概念〈増補版〉』中央経済社，2002年，に基本的に依拠しているが，同一でない箇所もある。

ルーブラッド報告書）を出発点として1973年に始まった。トゥルーブラッド報告書は，非営利組織をその範囲に含んでいたが，FASBはまず，営利企業のための会計概念フレームワーク作成に努力を集中したので，非営利組織のための会計概念フレームワークに関する研究は，1977年から始まることとなった。その最初の研究報告書が前章で検討した1978年のFASB Research Report『非営利組織における財務会計：概念的問題の予備的研究』（アンソニー報告書）である。

この報告書に基づき，1978年に討議資料『財務会計および報告のための概念フレームワークに関する論点の分析：非営利組織の財務報告の諸目的』[2]が作成され，1980年公開草案『非営利組織の財務報告の諸目的』[3]を経て，1980年12月にSFAC第4号『非営利組織の財務報告の諸目的』が公表された。第4号は，これまでの会計学が，営利組織の問題に焦点を合わせて，非営利組織に特有の領域を包括的には扱ってこなかったことを指摘している（No. 4, par. 6）。このSFAC第4号における結論として，「いかなる特定種類の実体（例えば非営利組織または営利企業）についても独立した概念フレームワークを開発する必要はない」とされ，それまで営利と非営利とで別々に分離して作成されていた概念フレームワークの統合が目標として提起された（No. 4, par. 1）。

これはSFACの構成に大きな影響を与えるものとなる。すなわち，営利組織のみを対象としていた第2号，第3号を修正あるいは改訂することになったのである。1983年7月に公開草案『非営利組織にFASB諸概念報告書第2号および第3号を適用するための修正提案』[4]，1985年9月に改訂公開草案『財務諸表の構成要素：FASB諸概念報告書第3号の修正』[5]が作成され，SFAC第6

---

(2) FASB, *Discussion Memorandum, an analysis of issues related to Conceptual Framework for Financial Accounting and Reporting : Objectives of Financial Reporting by Nonbusiness Organizations*, FASB, June 1978.

(3) FASB, *Exposure Draft, Proposed Statement of Financial Accounting Concepts, Objectives of Financial Reporting by Nonbusiness Organizations,* March 1980.

(4) FASB, *Exposure Draft, Proposed Amendments to FASB Concepts Statements 2 and 3 to Apply Them to Nonbusiness Organizations,* FASB, July 1983.

第1節　統合的会計概念フレームワークの概要　121

号『財務諸表の構成要素：FASB 諸概念報告書第3号の差し替え（FASB 諸概念報告書第2号の修正を含む）』が，1985年12月に公表される[6]。

以上の経緯を年表で表すと以下のようになる。

1977年　8月　R. N. アンソニーに営利企業以外の組織による財務報告の諸目的を識別するための報告書の作成を委嘱。
1978年　5月　FASB Research Report『非営利組織における財務会計：概念的問題の予備的研究』（アンソニー報告書）
1978年　6月　討議資料『財務会計および報告のための概念フレームワークに関する論点の分析：非営利組織の財務報告の諸目的』
1980年　3月　公開草案『非営利組織の財務報告の諸目的』
1980年12月　SFAC 第4号『非営利組織の財務報告の諸目的』（統合的概念フレームワークの提起）
1983年　7月　公開草案『非営利組織に FASB 諸概念報告書第2号および第3号を適用するための修正提案』
1985年　9月　改訂公開草案『財務諸表の構成要素：FASB 諸概念報告書第3号の修正』
1985年12月　SFAC 第6号『財務諸表の構成要素：FASB 諸概念報告書第3号の差し替え（FASB 諸概念報告書第2号の修正を含む）』

以上のように，FASB の非営利会計概念フレームワークは，当初は，営利会計概念フレームワークとは独立して分離的に作成されたが，第4号での結論に

---

(5) FASB, *Exposure Draft* (Revised), *Elements of Financial Statements : an amendment of FASB Concepts Statement No. 3*, FASB, September 1985.
(6) 第6号が公表された後，10年以上の間をあけて，2000年2月に SFAC 第7号『会計測定におけるキャッシュフロー情報と現在価値の利用』が公表されているが，これは，本書の第1章で述べたように，SFAC 第5号での「測定」に関する部分を補うものとして作成されたものであり，営利企業を対象としているので，本項「非営利会計概念フレームワークプロジェクトの経緯」では触れていない。

より，営利会計概念フレームワークと統合されることとなった。したがって，たとえば，第6号を企業会計の視点から研究する場合にも，非営利からの規定性に注意する必要があるのである。

次に，SFAC 各号の相互関連を確認する。

第2項　SFAC 各号の相互関連

SFAC 第1号から第7号までの各号の相互関連を，筆者は，その内容的区別を縦軸に，適用対象組織を横軸にとって，第6図のように表してみた。

図6　SFAC 各号の内容的区別と適用対象組織

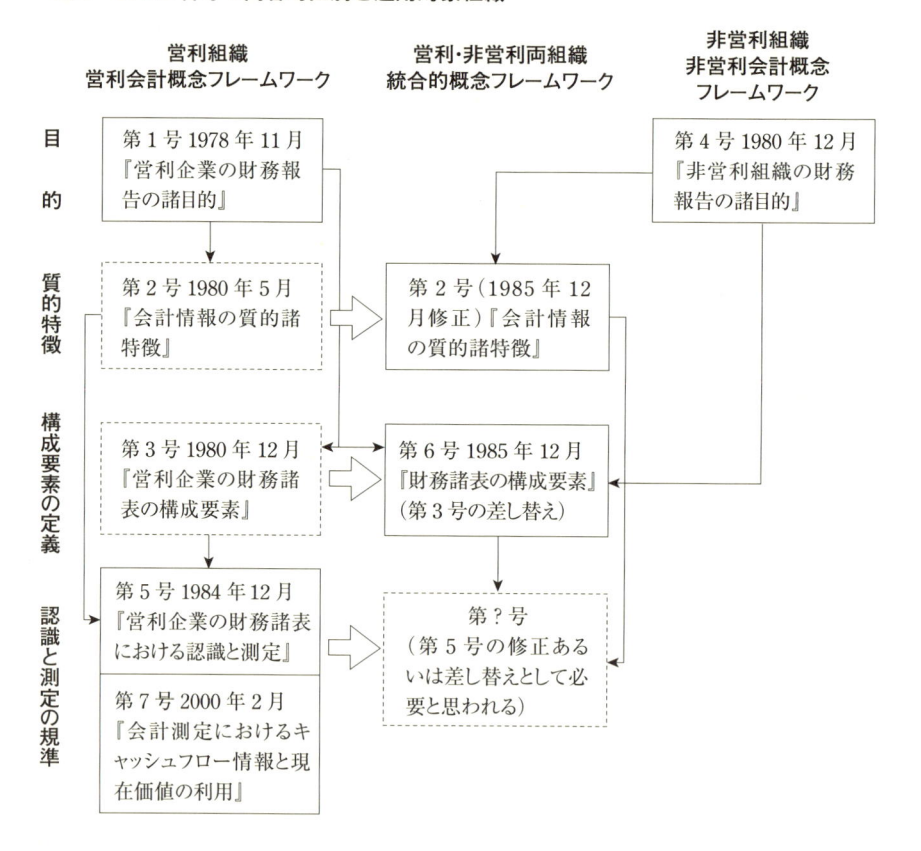

	営利組織 営利会計概念フレームワーク	営利・非営利両組織 統合的概念フレームワーク	非営利組織 非営利会計概念フレームワーク
目的	第1号 1978年11月『営利企業の財務報告の諸目的』		第4号 1980年12月『非営利組織の財務報告の諸目的』
質的特徴	第2号 1980年5月『会計情報の質的諸特徴』	第2号（1985年12月修正）『会計情報の質的諸特徴』	
構成要素の定義	第3号 1980年12月『営利企業の財務諸表の構成要素』	第6号 1985年12月『財務諸表の構成要素』（第3号の差し替え）	
認識と測定の規準	第5号 1984年12月『営利企業の財務諸表における認識と測定』	第?号（第5号の修正あるいは差し替えとして必要と思われる）	
	第7号 2000年2月『会計測定におけるキャッシュフロー情報と現在価値の利用』		

第2節　統合的フレームワーク提起の論拠　123

　第6図で示したように，SFACの第1号は，営利企業の財務報告の目的を特定し，続いて，第2号は，第1号での目的を達成するために必要な会計情報の質的特徴を階層的に示す。さらに，第3号は，第1号での目的を達成するために必要な財務諸表構成要素を定義する。そして，第5号は，第3号の財務諸表構成要素の定義と第2号での目的適合性および信頼性を満たし，かつ，測定可能性を満たす項目だけが財務諸表で認識測定されると規定する。第7号は，測定に関してキャッシュフロー情報と現在価値の利用について補足する。非営利組織については，まず，第4号が，非営利組織の財務報告の目的を特定する。これに続いて，第2号（1980年版）を非営利組織の会計情報にも適用するようにと修正した1985年版第2号が公表され，第4号の目的を達成するために必要な会計情報の質的特徴を階層的に示す。さらに，第3号の差し替えとして営利・非営利両組織の財務諸表構成要素を統合的に定義した第6号が，第4号での目的を達成するために要求される財務諸表構成要素を定義する。このような統合的フレームワーク作成の方針に従えば，営利企業を対象とする第5号も，修正あるいは差し替えられる必要があると思われるが，まだ現れていない。

第2節　統合的フレームワーク提起の論拠 ── SFAC第4号──

　それまで営利・非営利の会計概念フレームワークをそれぞれ分離して作成することを目指していたFASBが，どうして，SFAC第4号で分離的フレームワークを否定して，両概念フレームワークの統合を主張したのだろうか。本節ではその論拠を，第1号，アンソニー報告書，および，アメリカ政府会計基準審議会（Governmental Accounting Standards Board：GASB）の会計概念フレームワークと比較しながら探ってみたい。

第1項　非営利組織概念の縮小

　第4号は，アンソニー報告書が提起した組織識別の2つのアプローチ，「営利・非営利アプローチ」と「財務資源源泉アプローチ」（本書第4章）のうち，後者を採っ

ている。したがって，第4号における非営利組織（Nonbusiness Organizations）とは，提供するサービスの対価以外の寄付や補助金によって相当額（significant amounts）の資源を獲得する組織（Bタイプ）である[7]。

第4号は，その対象とする非営利組織の主な特徴として，「(a) 提供した資源に比例する返済または経済的便益の受領を期待しない資源提供者から，相当額の資源を受領すること。(b) 利益または利益同等物のために財貨またはサービスを提供すること以外に業務目的があること。(c) 売却，譲渡または償還されうる，もしくは組織の精算に際して資源の残余分配を得る権利を譲渡しうる，明確に規定された所有主所有権が存在しないこと」(No. 4, par. 6)の3つをあげている。この特徴をもつ組織の例は，「大部分の人的サービス組織，教会，財団，および，財貨・サービスの販売以外の源泉から財務資源の相当な部分を受領する民間の非営利（nonprofit）病院および非営利（nonprofit）学校などの組織」(No. 4, par. 7)である。他方，財貨・サービスの販売によって相当額の資源を獲得する組織，いわゆる独立採算型の組織（Aタイプ）は，営利企業の目的を扱う第1号の範囲とされている[8]。

このように，「財務資源源泉アプローチ」をとり，独立採算型の非営利組織を第1号『営利企業の財務報告の目的』の適用対象組織としたことが，営利・

---

(7) 第4号は，次のように述べている。「FASB Research Report『非営利組織における財務会計』〔アンソニー報告書〕は，『財務資源の源泉の相違』に基づいて非営利組織を2タイプに区別している(p. 161)。そこでは，Aタイプ非営利組織は，『財貨およびサービスの販売による収益から完全にまたはほぼ完全に財務資源を獲得する非営利組織』(p. 162) と定義される。これとは対照的に，Bタイプ非営利組織は，『財貨およびサービスの販売以外の源泉から相当の額の財務資源を獲得する非営利組織』(p. 162) と定義される。Bタイプの組織が，明らかに本ステートメントの対象に含まれる組織に該当する」(No. 4, footnote 3)。

(8) 「所有主所有権はないが，本質的には財貨およびサービスに対して課する料金で自らを維持している組織がある。その組織の例としては，〔中略〕民間の非営利(nonprofit)病院および非営利（nonprofit）学校がある。〔中略〕これらの組織に対しては，SFAC第1号の諸目的の方が適切であろう」(No. 4, par. 8)。

非営利の会計概念フレームワーク統合を提起する一因となっていると考えられる。なぜなら，独立採算型組織（Aタイプ）はたとえ非営利組織であっても，第1号すなわち営利会計概念フレームワークの適用対象組織であるとしたことにより，非営利組織の範囲がBタイプのみに縮小すると同時に，非営利であるという特徴だけでは，別個の会計概念フレームワークを設ける根拠にはならないからである。

第4号は，このようなわけで当初は，Bタイプ組織について，営利会計概念フレームワークとは別の会計概念フレームワークを作成することを意図していたと思われる。しかしながら，第2項以下で述べるような理由で非営利会計に固有の要素を主要情報とすることができずに，最終的には，すべての組織に共通する統合的会計概念フレームワーク作成を提起するに至るのである。

しかしながら，第4号が採用した「財務資源源泉アプローチ」による組織区別は，第6号『財務諸表の構成要素』へは受け継がれず，第6号における組織区別は，アンソニー報告書における「営利・非営利アプローチ」となっている。この非営利概念の変化については，本章第3節でみる。

なお，第4号が，連邦政府，州政府および地方政府を対象としているか否かについては，「本ステートメント〔第4号〕における諸目的が，政府の一般目的外部財務報告には不適切であるという説得力のある証拠はない」(No. 4, pars. 3, 66) と述べている。しかしながら，FASBは，第6号で，「州および地方政府の財務報告は政府会計基準審議会（GASB）の権限範囲に含まれるので，FASBは，それらの単位に対する本ステートメントの適用可能性については検討しなかった」(No. 6, footnote2) と述べていることから，これらの政府組織は，FASBの検討対象外となっているとみてよいだろう。

第2項 利用者情報ニーズの特定をめぐって

(1) 第1号との比較

第4号は，第1号と同様に，意思決定有用性アプローチに基づいて，まず，「利用者」を特定し，次いで「利用者情報ニーズ」を特定し，その情報ニーズに基

づいて「財務報告目的」を特定し，そしてその目的によって「提供すべき情報」を導き出すという構成をもつ。したがって，利用者とその情報ニーズの特定は，非営利組織の財務報告目的を決定する基礎となり，概念フレームワーク全体に影響をもつ重要なものである。

そこでまず，『営利企業の財務報告の目的』を規定した第1号と比較しながら，利用者，利用者情報ニーズ，および財務報告目的を検討してみたい（財務報告目的から導出される提供すべき情報については，次項で検討する）。

第4号は，現在および将来の情報利用者として，会員，納税者，寄付者，仕入先，債権者，従業員，管理者，用役受益者等をあげている（No. 4, par. 29）。そして，それら利用者を，主要な利用者グループ，a. 資源提供者[9]，b. 構成員，c. 支配および監視機関，d. 管理者，4グループに分けている（No. 4, par. 29）。その上で，a. 資源提供者をこれら利用者グループの代表とする[10]。そして，これら利用者グループに共通する複合した1つの情報ニーズを特定する。すなわち，「非営利組織によって提供されるサービス，そのサービスの提供の効率性および有効性ならびにそれらサービスを提供し続ける能力についての情報」（No. 4, par. 30）である[11]。以上の利用者と利用者情報ニーズの特定に基づき，非営利組織の財務報告目的は，「現在および潜在資源提供者その他の利用者が非営利組織への資源の配分について合理的な意思決定を行うのに有用

---

(9) 資源提供者には，提供する資源に対して直接的に報酬を支払われる人々——与信者，仕入先および従業員——ならびに，直接的にまたは比例的に報酬を支払われない人々——会員，寄付者および納税者——が含まれる（No. 4, par. 29）。

(10) 資源提供者を利用者の代表とする理由は，「資源提供者は，自らが欲する情報を一般的に要求できない利用者であり，かつ，財務報告によって提供される情報の重要な利用者である。彼らの意思決定は，非営利組織および社会一般における資源配分の両方に相当の影響を与える。さらに，現在および将来の資源提供者のニーズを満たすために提供される情報は，非営利組織の諸側面のうち，本質的に資源提供者と同じ側面に関心をもっているその他の情報利用者にとっても有用であると思われる」（No. 4, par. 36）と述べられている。

な情報を提供すること」，すなわち，「資源配分意思決定に有用な情報を提供すること」(No. 4, par. 35) であるとされる。

他方，第1号では，営利企業の財務報告の利用者として，「投資者および債権者」が特定され，利用者共通の情報ニーズとして「良好なキャッシュフローを生み出す企業の能力」(No. 1, par. 25) が特定される。そして，財務報告目的は，「現在および潜在投資者，債権者その他の利用者が合理的な投資，与信および類似の意思決定を行うのに有用な情報を提供すること」，すなわち，「投資・与信意思決定に有用な情報を提供すること」(No. 1, par. 34) とされる。

以上のような第4号と第1号の利用者，利用者情報ニーズ，財務報告目的を比較してみると，まず，利用者については，第4号での「資源提供者」は，第1号での「投資者および債権者」を含み，第4号が第1号を内包するものとなっている。次に，利用者情報ニーズを比較すると，第4号と第1号は全く異なる。すなわち，第4号では，利用者情報ニーズは，「非営利組織によって提供されるサービス，そのサービスの提供の効率性および有効性ならびにそれらサービスを提供し続ける能力」(No. 4, par. 30) であるのに対して，第1号では，

---

(11) 第4号は，それぞれの利用者がこの情報を必要とする理由を次のように示している (No. 4, par. 30. a. b. c. d. の区別は引用者による)。

a. 資源提供者のうちの会員および寄付者は，組織が目的をどのようにうまく達成しているか，また，支援を続けるか否か，を判断する基礎としてこの情報を必要とする。納税者は，政府機関および政府支援団体がその活動目的を達成したか否かを判断する基礎として，また，提供されるサービスが税金や料金にどのような影響を及ぼすかを知るためにこの情報を必要とする。与信者，仕入先，従業員は，その組織のキャッシュフロー創出力を知るためにこの情報を必要とする。

b. 構成員は，グループとしては資源提供者とは異なるが，同様の情報に直接的な関心を共有している。

c. 支配および監視機関は，管理者が政策命令を実行しているか否かを判断するために，また，組織の新たな政策を設定したり，変更したりするためにこの情報を必要とする。

d. 管理者は，支配機関，資源提供者その他の構成員に対して説明する責任を達成するためにこの情報を必要とする。

「良好なキャッシュフローを生み出す企業の能力」(No. 1, par. 25) である。最後に，財務報告目的を比較すると，第4号の「資源配分意思決定」は，第1号の「投資・与信意思決定」を含み，第4号が第1号を内包するものとなっている。

以上の比較から，第4号の利用者情報ニーズ「非営利組織によって提供されるサービス，そのサービスの提供の効率性および有効性ならびにそれらサービスを提供し続ける能力」と第1号の利用者情報ニーズ「良好なキャッシュフローを生み出す企業の能力」の相違が，財務報告目的の相違に明確に反映されていないことが明らかになる。このように，利用者情報ニーズが異なるにも関わらず，営利企業の財務報告目的を内包するように非営利組織の財務報告目的を設定したことが，営利企業の財務報告目的との類似性を際立たせることになり，営利会計と非営利会計の概念フレームワークを分離しなくてよいと結論する原因の1つとなっていると考えられる。この点をさらに探るために，第4号の基礎となったアンソニー報告書での利用者情報ニーズと比較してみる。

(2) アンソニー報告書との比較

アンソニー報告書における利用者と情報ニーズについては，前章第3節でみた。要約すると，

a. 支配機関：「業績管理 (効率性と政策準拠性または拘束準拠性) を判断する基礎として有用な情報」と「将来の事業計画および政策を決定するのに有用な情報」

b. 投資者[12]および債権者：「組織の財政状態，業務業績，および貸付金が返済される可能性の指針として資金の源泉と使用についての情報」

c. 資源提供者：「組織の活動の性質とその管理の効率性と有効性についての情報」

d. 監視機関：「支配機関と同様の情報」

e. 構成員：「資源提供者と同様の情報」

利用者とその情報ニーズの特定に関して，第4号がアンソニー報告書と最も

---

[12] ここでの投資者は債券所有者を表している (アンソニー報告書, p. 42)。

異なる重要な点は，アンソニー報告書が，主要な利用者を挙げそれぞれの異なる情報ニーズを示しているのに対して，第4号は，主要な利用者4グループに共通する情報ニーズを示している点である。

利用者とその情報ニーズの特定において必要なことは，利用者ごとに異なる情報ニーズを特定し，それら異なる情報ニーズの重要性を検討した上で，財務報告が提供すべき情報を特定することであろう。このことは，第4号も認めている[13]。したがって，問題となるのは，各利用者グループ共通の情報ニーズが，各利用者グループの主要な情報ニーズを満たしているか否かである。第4号は，個々の利用者グループが，共通の情報ニーズをもつ理由を述べるだけで，利用者グループごとの情報ニーズについて詳しく述べていない。

そこで，アンソニー報告書で示されている利用者グループごとの情報ニーズと第4号で特定された共通の情報ニーズとを比較すると，支配・監視機関が必要とする「政策準拠性または拘束準拠性を判断する基礎として有用な情報」に対する情報ニーズが，第4号の共通の情報ニーズに含まれていないことがわかる。アンソニー報告書は，この情報ニーズが基金会計を必要とする根拠となっており，多くの非営利組織の財務報告の第一目的となっていたと述べ，その重要性を強調している（アンソニー報告書，p. 49）。また，本書の第2章，第3章でみたフリーマン委員会報告書でも，基金ごとの財務報告は法的要求を満たすために必要不可欠のもので，準拠性に対する情報ニーズを満たすのに役立っていることが述べられており，この基金ごとの財務報告に加えて組織全体としての財務報告を要求していたのである[14]。これに対して，第4号は，この情報ニーズは，内部情報利用者でもある支配機関の特殊な情報ニーズであるので対象外

---

(13) 「ある人々にとって情報を理解することが困難であるから，または，情報を利用しない人々がいるから，という理由だけで，財務報告は目的に適合した情報を除外すべきではない」(No. 4, par. 37)。

(14) 本書第2章第4節第3項「基金会計-Fund Accounting-」および第3章第10節第3項「第三次報告書時点の会計測定の評価」を参照されたい。

であるとする (No.4, par.32)。しかしながら，第4号が対象とする非営利組織は，活動資金のほとんどを寄付・補助金に頼っている組織であり，「政策準拠性または拘束準拠性を判断する基礎となる情報」に対しては，支配・監視機関だけでなく，資源の使途を指定する寄付者も情報ニーズをもつと考えねばならない。したがって，「政策準拠性または拘束準拠性を判断する基礎として有用な情報」に対する情報ニーズを対象外としたことは，第4号における問題点である。

この情報ニーズを対象外としたことにより，非営利会計の特徴を規定する「政策準拠性または拘束準拠性」情報の提供という要素が失われたとみることができよう。この除外もまた，営利・非営利両会計の概念フレームワークを分離しなくてよいという結論に至る原因の1つになっていると考えられる[15]。

次に，財務報告で提供すべき情報について検討する。

第3項　情報ニーズと提供すべき情報の対応関係

非営利組織の財務報告で提供すべき情報は，第4号では，財務報告目的の上位目的を設定し，これを，利用者情報ニーズに焦点を合わせた中位目的に展開し，それをさらに下位目的へと展開することにより導き出される。

まず，a.「非営利組織への資源の配分について合理的な意思決定を行うのに有用な情報を提供すること」(No.4, par.35) という上位目的が設定され，この目的が，b.「非営利組織が提供するサービスを評価するのに有用な情報を提供すること」(No.4, par.38) と c.「そのサービスを提供し続ける能力を評価するのに有用な情報を提供すること」(No.4, par.38) という中位目的へと展開される。これらの中位目的は，さらに，d.「非営利組織の管理者の受託責任遂行を評価するのに有用な情報を提供すること」(No.4, par.40) と e.「業績を評価するのに有用な情報を提供すること」(No.4, par.40) という下位目的に展開される。そして，

---

(15) 第4号では，「拘束準拠性」は，情報ニーズの特定において除外されているにもかかわらず，財務報告で提供すべき情報として拘束情報を要求しており矛盾していると思われる。

これらすべての目的を満たすために提供すべき情報として,「経済的資源,債務,純資源およびそれらの変動についての情報」(No. 4, par. 43) が導き出される。この情報は,①「経済的資源,債務,純資源の情報」(No. 4, pars. 44-46),②「業績情報」(No. 4, pars. 47-53),③「流動性情報」(No. 4, par. 54) の 3 つに分割される。さらに,財務報告は,利用者の理解を助けるために管理者の説明と解釈を含まなければならないとされる (No. 4, par. 55)。

第 4 号では,以上のように財務報告目的から,財務報告が提供すべき情報として,① 経済的資源,債務,純資源の情報,② 業績情報,③ 流動性情報,の 3 つが導き出され,これら 3 つの情報が財務諸表を中心とした財務報告で報告されることとなる。

第 4 号は,さらに,①については,追加的情報として,資源の用途に関する拘束についての情報を要求する (No. 4, par. 46)。また,②については,「純資源の金額および性質の変動の期間的測定および,組織のサービス提供努力と成果についての情報は,共に組織の業績を評価するのに最も有用な情報となる」(No. 4, par. 47) として,次の 2 つの情報を要求する (No. 4, pars. 48-53)。すなわち,②-a「一会計期間の資源の流入および流出の金額と種類と関係についての情報」,および,②-b「サービス提供努力と成果についての情報」の 2 つである。

以上のように,第 4 号では,①,②,③の 3 つの提供すべき情報は,利用者の共通情報ニーズを満たすために,目的を媒介として導出されている。ここで重要なのは,この 3 つの情報が,利用者の共通情報ニーズを充分満たしているか否かである。そこで,この 3 つの情報と,利用者の共通情報ニーズとを直接対比して検討しよう。

利用者の共通情報ニーズは,「非営利組織によって提供されるサービス,そのサービスの提供の効率性および有効性ならびにそれらサービスを提供し続ける能力についての情報」(No. 4, par. 30) に対するニーズである。この情報ニーズは複合しているので,イ.「提供されるサービスについての情報」,ロ.「サービス提供の効率性についての情報」,ハ.「サービス提供の有効性についての情報」および ニ.「サービスを提供し続ける能力についての情報」に対するニー

ズに分解した上で，先の①，②，③のどの情報により満たされるかを検討する。

まず，イ．「提供されるサービスについての情報」ニーズは，②「業績情報」によって満たされると考えられる。しかしながら，第4号は，業績情報として，その非営利組織がどのようなサービスを提供しているのかというサービスの内容についての情報を要求していない。この情報は，非営利組織への資源提供者の資源配分意思決定にとって重要な情報である。なぜなら，非営利組織の目的は，利益目的以外の目的のために特定のサービスを提供することであり，中心的資源提供者である寄付者が非営利組織に資源を提供する理由は，「その組織の目的および目標を推進することに対する彼らの関心に関連している」(No. 4, par. 19) からである。サービスの内容についての情報を主要情報として要求していない点で不十分であると言える。

次に，ロ．「サービス提供の効率性についての情報」と ハ．「サービス提供の有効性についての情報」に対する情報ニーズが満たされているかを検討する。これらの情報ニーズは，②-b「サービス提供努力と成果についての情報」により提供されると考えられる。ただし，非営利組織のサービス提供成果の測定が未開発である (No. 4, par. 53) ので，この情報ニーズに応えるためには，サービス提供の成果を測定する方法を開発することが前提である。

最後に，ニ．「サービスを提供し続ける能力についての情報」に対する情報ニーズについてであるが，この情報ニーズには，①，②，③の3つ全ての情報が応えている。①で経済的資源と債務についての情報が，②で資源の流入と流出についての情報が，③で支払能力についての情報が提供されることから，この情報ニーズは十分満たされると考えられる。

以上のことから，財務報告で提供すべき ①，②，③の情報は，ニ．に対する情報ニーズは十分に満たしており，また，ロ．と ハ．に対する情報ニーズについても，サービス提供成果をどのように測定するかという問題を残しているが，満たしている。しかし，イ．「提供されるサービスについての情報」に対する情報ニーズについては，十分には満たしていない。

第4号は，利用者情報ニーズから，財務報告目的を導き，この目的を展開す

ることにより提供すべき情報を特定するという方法をとっているのであるが、この過程において、非営利組織の財務報告利用者に共通している「非営利組織によって提供されるサービス」に対する情報ニーズが、財務報告で提供すべき情報の特定に反映されていないのである。その理由としては、情報ニーズから目的を導き、それを展開し、提供すべき情報を導出する過程に問題があったと考えられよう。その結果、非営利会計にとって重要かつ固有の情報ニーズである「提供されるサービスの内容」に対する情報ニーズが、提供すべき情報に反映されないまま、統合的概念フレームワーク作成を目標とするに至っているのである。

　ここで先にみた、ロ．「サービス提供の効率性についての情報」とハ．「サービス提供の有効性についての情報」に対する情報ニーズについてであるが、このニーズは、②-b「サービス提供努力と成果についての情報」により満たされると考えられる。しかしながら、サービス提供成果をどのように測定するかという問題は、フリーマン委員会報告書、アンソニー報告書と一貫して指摘されていながら、その測定方法を開発することができないまま第4号まで至っている。非営利組織のサービス提供成果情報は、営利企業の利益情報にも相当するような重要な情報である。しかしながら、第4号はサービス提供成果情報について、理想的には提供すべきであるがその測定技術は未開発であると述べ、それが開発されるまでは管理者の説明の中で述べるか、あるいは、財務報告以外によって提供することを求めるに止まっている (No. 4, par. 53)。FASBの非営利会計概念フレームワークは、サービス提供成果情報を財務報告の主要情報として要求しなかったために、「効率性」、「有効性」に対する情報ニーズを満たすことができないのである。

　このサービス提供成果の測定と情報提供は、営利会計とは違う非営利会計の固有の要素であり、非営利会計の概念フレームワークを営利会計の概念フレームワークとは異なる構造へと導く要素であると考えられる。第4号はこのサービス提供の成果情報を財務報告の主要情報として要求しなかったため、営利、非営利両会計の概念フレームワークを統合するという結論に至ったとみること

ができる。この「サービス提供成果」情報は，実は，アメリカ政府会計基準審議会 GASB の会計概念フレームワークにおいては，すでに財務報告の主要情報とされているのである。そこで，項を改めて，この GASB 会計概念フレームワークをみてみたい。

第4項　サービス提供努力と成果の測定
　　　　── GASB 会計概念フレームワークを参照して──

　アメリカ政府会計基準審議会 (GASB) は，州および地方政府に適用される会計基準の設定機関として財務会計財団 (Financial Accounting Foundation) のもとに 1984 年に設立された。GASB の会計概念フレームワークは，FASB の会計概念フレームワークと同様に意思決定有用性アプローチに基づいており，これまでに第3号まで公表されている。ここでは，第1号『財務報告の諸目的』と第2号『サービス提供努力と成果の報告』をとりあげる。まず，GASB の概念フレームワークプロジェクトの経緯と概念ステートメント第1号『財務報告の諸目的』における情報ニーズを確認したうえで，概念ステートメント第2号『サービス提供努力と成果の報告』におけるサービス提供努力と成果情報がどのようなものであるかみていきたい。

(1)　GASB の概念フレームワークプロジェクトの経緯

　GASB は，概念フレームワーク作成のために，まず，財務報告利用者の情報ニーズを調査し，その結果をリサーチリポート「政府財務報告書の利用者のニーズ」[16] として公表した。これをもとに，1986 年 1 月に公開草案「財務報告の目的」[17] を作成し，同年 10 月の改訂公開草案「財務報告の目的」[18] を経て，1987 年 5 月 概念ステートメント第1号「財務報告の目的」[19] が公表された。

　GASB は，概念ステートメント第1号で要求したサービス提供努力と成果 (Service Efforts and Accomplishments：SEA) 情報の必要性を示すために，1992 年 12

---

(16) Jones, David B., *GASB Research Report, The Needs of Users of Governmental Financial Reports*, GASB, October 1985.

第 2 節　統合的フレームワーク提起の論拠　135

月に予備的見解「サービス提供努力と成果の報告」(20)を公表し，1993 年 9 月の公開草案「サービス提供努力と成果の報告」(21)を経て，1994 年 4 月に概念ステートメント第 2 号「サービス提供努力と成果の報告」(22)を作成した。

以上の経緯を年表で表すと次のようになる。
1985 年 10 月　リサーチリポート「政府財務報告書の利用者のニーズ」
1986 年　1 月　公開草案「財務報告の目的」
1986 年 10 月　改訂公開草案「財務報告の目的」
1987 年　5 月　概念ステートメント第 1 号「財務報告の目的」
1992 年 12 月　予備的見解「サービス提供努力と成果の報告」
1993 年　9 月　公開草案「サービス提供努力と成果の報告」
1994 年　4 月　概念ステートメント第 2 号「サービス提供努力と成果の報告」

---

(17)　GASB, *Exposure Draft, Proposed Statement of Governmental Accounting Concepts, Objectives of Financial Reporting*, GASB, January 1986.

(18)　GASB, *Exposure Draft（Revised），Proposed Statement of Governmental Accounting Concepts, Objectives of Financial Reporting*, GASB, October 1986.

(19)　GASB, *Concepts Statement No. 1 of the Governmental Accounting Standards Board, Objectives of Financial Reporting*, GASB, May 1987.（藤井秀樹監訳　山田康裕・佐野哲哉・宮本幸平・井上研司訳『GASB/FASAB 公会計の概念フレームワーク』中央経済社，2003 年 1 月）。

(20)　GASB, *Preliminary Views of the Governmental Accounting Standards Board, on concepts related to Service Efforts and Accomplishments Reporting*, GASB, December 1992.

(21)　GASB, *Exposure Draft, Proposed Statement of the Governmental Accounting Standards Board, on concepts related to Service Efforts and Accomplishments Reporting*, GASB, September 1993.

(22)　GASB, *Concepts Statement No. 2 of the Governmental Accounting Standards Board, on concepts related to Service Efforts and Accomplishments Reporting*, GASB, April 1994.（藤井秀樹監訳　山田康裕・佐野哲哉・宮本幸平・井上研司訳『GASB/FASAB 公会計の概念フレームワーク』中央経済社，2003 年 1 月）。

136　第5章　非営利会計概念フレームワーク

(2) GASB 概念ステートメント第1号における情報ニーズの特定

　GASB 概念ステートメント第1号は，州および地方政府の外部財務報告の目的を設定しているものであり，FASB の非営利会計概念フレームワークと対比すれば SFAC 第4号に相当するものである。GASB の概念フレームワークも，意思決定有用性アプローチを採っているので，財務報告利用者の情報ニーズから，財務報告で提供すべき情報を導出している。

　GASB 概念ステートメント第1号で，特定されている「財務報告の利用者」は，次の3グループである (GASB No. 1, par. 30)[23]

　a. 市民
　b. 立法機関および監督機関
　c. 投資者および与信者

　これらの利用者グループが財務報告をどのように利用するか，すなわち，どのような情報ニーズを有しているかを，次のように示している。(GASB No. 1, pars. 32-42)。

　(1)　実際の財務結果と法的に採択された予算の比較
　(2)　財政状況と業務結果の評価
　(3)　財政関連の法律，規則，規制への準拠性の判定への役立ち
　(4)　効率性と有効性の評価への役立ち

　これらの情報ニーズは，SFAC 第4号における情報ニーズ「非営利組織によって提供されるサービス，そのサービスの提供の効率性および有効性ならびにそれらサービスを提供し続ける能力についての情報」と比較すると，(1)の予算との比較と(3)の準拠性という非営利に固有の情報ニーズを明示している

---

[23]　以下では，GASB 概念ステートメント第1号および第2号からの引用は，藤井秀樹監訳 山田康裕・佐野哲哉・宮本幸平・井上研司訳『GASB/FASAB 公会計の概念フレームワーク』中央経済社, 2003年1月に依拠しているが，同一でない箇所もある。また，本書では，GASB 概念ステートメント第1号および第2号からの引用箇所は本文中で，(GASB No. 1, par. xx), (GASB No. 2, par. xx) と表示する。

点に違いがあることがわかるが，ここでは，(4) の「効率性と有効性の評価への役立ち」に注目したい。GASB も FASB と同様に，効率性と有効性に対する情報ニーズを特定しているのだが，FASB の非営利会計概念フレームワークとの大きな違いは，GASB では，政府の経済性，効率性，有効性[24]を評価するために，サービス提供の努力と成果に関する情報を提供しなければならないとしているところである（GASB No. 1, pars. 42, 77）。このサービス提供の努力と成果に関する情報の必要性をさらに強調するために，GASB は，概念ステートメント第2号として「サービス提供努力と成果の報告」を作成したのである。

(3) サービス提供努力と成果の測定

GASB 概念ステートメント第2号は，「SEA 報告の要素と特徴は，主として，政府機関[25]の業績に関する情報を入手したいという政府財務報告書の利用者のニーズに根ざすものである」（GASB No. 2, par.8）と述べ，SEA 情報が利用者の情報ニーズを満たすために必要であることを再述している。そして，「サービスを提供する際の効率性や有効性が，業績の不可欠な部分であり，その効率性や有効性についての情報を提供するためには，(a) 財務的資源と非財務的資源

---

(24) GASB 概念ステートメント第2号は，「経済性」，「効率性」，「有効性」の定義と説明を以下のように示している（GASB No. 2, footnote 5）。

「経済性」は，本来，最小のコストという考え方を備えた資源の調達に関する概念であると定義されており，最小の合理的なコストで適切な質と量の資源を調達することに関するものである。

「効率性」は，本来，最小のコストという考え方を備えた資源の利用に関する概念であると定義されており，最小のコストまたは最小の資源のインプットで最大のアウトプットをあげることに関するものである。

「有効性」は，目的指向の概念として定義されており，ある特定の活動または事業に関する事前に定められた究極目標と基本目標がどの程度達成されたのかを測定するものである。

(25) GASB 概念ステートメント第2号は，「公社および公団，政府職員退職制度，公益事業，病院およびその他の医療保健提供者，単科大学および総合大学を含むすべての州および地方政府機関に適用される」（GASB No. 2, par. 7）。

の調達と利用に関する情報と，(b) サービス提供の努力と成果に関する情報の両方を含む測定値が必要である」(GASB No. 2, par. 48) として，サービス提供の成果（アウトプットおよびアウトカム）の測定値と，サービス提供努力とサービス提供成果の関係(効率性)の測定に焦点を当てなければならないと強調している。

GASB概念ステートメント第2号が求めるSEA情報は，SEA測定値と説明情報からなる（GASB No. 2, pars. 50-53）。SEA測定値は，次の3つからなる。

(1) サービス提供努力の測定値
(2) サービス提供成果の測定値
(3) 努力と成果を関連付ける測定値

GASB概念ステートメント第2号は，3つの測定値それぞれについて次のように説明している。

(1) 努力の測定値

　　努力とは，サービス提供のために用いられる財務的資源と非財務的資源の総計である。財務情報には，支出／費用の財務的測定値，例えば，給与，従業員福利厚生費，材料費や消耗品費，設備費などや，教育に費やされた金額や学生1人当たりに費やされた金額などが含まれる。非財務情報には，主たる非財務資源である職員数や勤務時間数をはじめ，たとえば，全教員数や学生1人当たりの教員数などが含まれる。

(2) 成果の測定値

　　成果の測定値は，利用された資源によって何が提供され達成されたかを報告するものである。これには2種類の成果の測定値，すなわち，アウトプットとアウトカムがある。

① アウトプットの測定値

　　この指標は，提供されたサービスの物量を測定するものである。たとえば，進級または卒業した学生数などがこれに相当する。

② アウトカムの測定値

　　この指標は提供したアウトプットから生じた成果または結果を測定するものである。たとえば，読解について一定の習熟度の向上を達成した

学生の割合などが相当する。
(3) 努力と成果を関連付ける測定値
① 努力とアウトプットとを関連付ける効率性の測定値
　　この指標は，アウトプット単位あたりに利用された資源またはコスト（例えば，使われた金額，労働時間，設備）を測定するものである。例えば，学生1人当たりのコストが含まれる。
② 努力とアウトカムまたは結果とを関連付ける，コスト—アウトカムの測定値
　　この測定値は，アウトカムまたは結果単位当たりのコストを報告するものである。この測定値は，コストと結果を関連付けることによって，サービスの価値を評価するための手がかりとなる。たとえば，読解について一定の習熟度の向上を達成した学生1人当たりのコストが含まれる。

以上のように，GASB概念ステートメント第2号は，サービス提供の効率性，有効性に対する情報ニーズを満たすために，SEA情報として，(1) サービス提供努力の測定値，(2) サービス提供成果（アウトプットとアウトカム）の測定値，(3) 努力と成果（努力とアウトプット，努力とアウトカム）を関連付ける測定値，を要求している。これらの測定値は，非営利組織が提供するサービスの種類ごとに異なり，多種多様なものになるであろうが，過年度との比較や，類似サービスを提供する他の組織と比較することによって，非営利組織の財務報告利用者にとってきわめて有用な情報になると思われる。

(4) GASB会計概念フレームワークとFASB会計概念フレームワークの比較
—サービス提供成果情報の位置付けの相違—

以上のように，GASB会計概念フレームワークは，「サービス提供の効率性と有効性」情報ニーズを満たすために，「サービス提供努力と成果」情報を財務報告の主要情報と位置付け，その報告を要求している。とくに，「サービス提供成果」情報は，非営利組織に固有の内容となっている。これに対して，FASBのSFACは，「サービス提供の効率性と有効性」情報ニーズを特定はしたものの，「サービス提供の成果」情報を主要情報とせず，管理者の説明の中

で述べるか，あるいは，財務報告以外によって提供することを求めるに止まっているのである（No. 4, par. 53）。この「サービス提供の成果」情報は，営利会計における収益情報に対置されるような非営利会計に固有の要素であり，この情報を主要情報として要求しなかったことが，「財務資源源泉アプローチに基づく非営利概念の採用」，「政策準拠性または拘束準拠性に対する情報ニーズの除外」とともに，営利・非営利両会計の概念フレームワークを分離しなくてよいとする一因となっていると考えられる。

第5項　異質な情報ニーズの軽視

営利会計と非営利会計の双方を研究範囲に含めるという特徴は，すでに，ASOBAT，トゥルーブラッド報告書でもみられている。しかし，ここで注意が必要なのは，営利会計と非営利会計双方を研究範囲に含むことと両者を統合することとは異なるということである。SFAC第4号のための討議資料(26)および公開草案(27)では，統合的概念フレームワーク作成を目指すことは述べられていない。したがって，FASBは，非営利会計概念フレームワークプロジェクト開始当時には，両会計を研究範囲としながら，別々の概念フレームワーク作成を志向していたが，第4号で，「いかなる特定種類の実体についても独立した概念フレームワークを開発する必要はない」（No. 4, par. 1）という結論に達し，統合的概念フレームワーク作成へと転換したのである。第4号が示している第1号と第4号の類似点と相違点（No. 4, Appendix B, par. 67）は，要約して示せば表2のようになる。

---

(26) FASB, *Discussion Memorandum, an analysis of issues related to Conceptual Framework for Financial Accounting and Reporting : Objectives of Financial Reporting by Nonbusiness Organizations,* FASB, June 1978.

(27) FASB, *Exposure Draft, Proposed Statement of Financial Accounting Concepts, Objectives of Financial Reporting by Nonbusiness Organizations,* March 1980.

第2節　統合的フレームワーク提起の論拠

表2　第1号と第4号の比較

	第1号（営利企業）	第4号（非営利組織）	比　　較
利用者の典型	投資者および債権者	資源提供者	資源提供者は投資者および債権者を含む。
利用者の意思決定	投資与信意思決定	資源配分意思決定	どちらも利用者の資源提供意思決定に焦点を当てている。ただし，<u>資源を提供する理由は異なる</u>。
意思決定に必要な情報	①配当または利息により将来受領する現金見込額，その時期およびその不確実性ならびに有価証券または債権の譲渡，途中償還または満期による現金受領額をあらかじめ評価するのに有用な情報	①提供するサービスおよびサービスを提供し続ける能力を評価するのに有用な情報	<u>①この相違は，それぞれの資源提供者の関心が異なることを反映している。関心が異なることは，他の諸目的の相違をもたらす。例えば財務報告が業績について提供すべき情報の相違をもたらす。</u>
	②経営者の受託責任についての情報	②管理者の受託責任と彼らの業績を評価するのに有用な情報	②実質的に類似しているが位置づけが異なる。第1号では他の基礎的情報ニーズを満たすための情報とされているが，第4号では利用者の基礎的情報ニーズとみなされている。<u>この相違は非営利組織における受託責任情報の重要性から生じる</u>。
財務報告が提供すべき情報	経済的資源，それら資源に対する請求権ならびにその資源およびそれら資源に対する請求権を変動させる取引，事象および環境要因の影響に関する情報	経済的資源，債務および純資源ならびに資源およびそれら資源に対する請求権を変動させる取引，事象および環境要因の影響に関する情報	<u>所有主請求権が存在するか否かの相違</u>を除いて同じである。
	①経済的資源，債務および所有主持分についての情報	①経済的資源，債務および純資源についての情報	①<u>用語の相違</u>を除いて同じである。

②財務的業績についての情報（利益とその内訳要素の測定）	②業績についての情報（純資源の金額と性質の変動の測定およびサービス提供努力と成果についての情報）	②目標は同じである。両者とも努力と成果を測定しようとしている。<u>非営利組織には，業績尺度となる利益が存在しないので，サービス提供努力と成果に関する情報が必要となる。</u>
③流動性に関する情報	③流動性に関する情報	③<u>所有主請求権が存在しないことから生じる相違</u>を除いて同じ。
④利用者の理解を助ける説明と解釈	④利用者の理解を助ける説明と解釈	④同じ。

(No. 4, par. 67 下線は引用者による)

　表2の「比較」欄におけるコメントが，営利・非営利分離的概念フレームワークを否定した根拠であろう。しかし，そこでは同一性以外に相違（下線部分）も指摘されている。すなわち，利用者が資源を提供する理由の相違，利用者の関心の相違，受託責任の重要性の相違，所有主請求権の有無，業績情報の相違（利益の有無）等である。第4号は，これらの相違は，統合的概念フレームワークの障害とはならないと考えているのであろう。

　しかしながら，これらの相違は，第4号を含むSFACが採っている意思決定有用性アプローチにとって重要な意味をもつのである。すなわち，このアプローチでは，利用者の関心すなわち情報ニーズを特定し，その情報ニーズから財務報告目的を特定し，提供すべき情報を導出する。したがって，利用者情報ニーズの相違は，財務報告目的の相違を導き，概念フレームワーク全体の相違を導くはずである。実際に，利用者が資源を提供する理由の相違から生じた利用者の関心の相違が，受託責任の重要性の相違と所有主請求権の有無および業績情報の相違を生じさせているのである。

　これらの相違のうち，業績情報の相違を取り上げてみる。営利会計においては，業績情報として，純資産（持分）の変動のうちの利益とその内訳要素情報が要求される（No. 1, par. 43）。これに対して，非営利会計においては，業績情報として，本節第3項で述べたように，②-a「一会計期間の資源の流入および流出の金額と種類と関係についての情報」と ②-b「サービス提供努力と成果

についての情報」が要求される。②-a については，純資源を変動させるフローと変動させないフローを区別すること，拘束されている資源のフロー情報を提供すること，業務に関連する資源フローと関連しない資源フローを区別すること，の３つの区別が要求されている (No. 4, pars. 48-49)。また，②-b については，収益以外により成果を測定することが要求されているのである (No. 4, par. 51)。このように提供すべき業績情報の相違から会計概念である「利益」の有無が生じると同時に，「純資源のフローの３つの区別」の有無，「収益以外による成果測定」の有無，という相違が生じるのである。「利益」の測定に焦点を当てる営利会計概念フレームワークと，「利益」概念が存在しない（その代替が「純資源のフローの３つの区別」，「収益以外による成果測定」）非営利会計概念フレームワークとを分離しなくてよいと結論したことは，第４号の重要な問題点として指摘することができる。

第３節　統合的構成要素の形成
― SFAC 第６号 ―

　第６号は，第４号の結論を受けて，営利・非営利両組織の財務諸表構成要素を統合的に定義するために，第３号を改訂したものである。ここでは，第３号において営利企業の財務諸表構成要素として定義された諸構成要素が，非営利組織の財務報告の目的からの規定を受けて，どのように変更されたのかに注目して，第６号を検討する。その前に，第４号と第６号との間に見られる非営利概念の変化についてみておくことが必要である。

第１項　非営利概念の変化 ― Nonbusiness から Not-for-Profit へ ―
　わが国では，Nonbusiness も Not-for-profit も共に非営利と訳されているが，アンソニー報告書では，この両者は区別されていた。この区別についての検討は前章第２節で行った。第４号では「財務資源源泉アプローチ」を採り Nonbusiness を使用していた（本書第２節第１項）。本項では，第４号が非営利組

織を Nonbusiness Organizations（以下 Orgs. と略す）としているのに対して，第6号では Not-for-profit Orgs. とした根拠についてのみ触れたい。

まず，この変更が，単に，Nonbusiness を Not-for-profit と呼び換えただけなのか，それとも，Nonbusiness Orgs. とは概念的に異なる組織を指しているものなのかをみよう。

第6号は，脚注8で第4号を言い換えながら引用し，Not-for-profit Orgs. の特徴を示している (No. 6, footnote 8)。この脚注8での引用文中で「nonbusiness [not-for-profit]」（[ ] 内は原文）と表記していることから，第4号の Nonbusiness を単に Not-for-profit と呼びかえたものとも考えられる。ところが，第4号は，Nonbusiness Orgs. の第1の特徴を「a. 提供した資源に比例する返済または経済的便益のいずれをも受けることを期待しない資源提供者から相当額の資源を受領すること」(No. 4, par. 6 傍点は引用者) としているのに，第6号での引用では，「(a) 金銭的見返りを期待しない資源提供者からの寄付」(No. 6, footnote 8) とされ，「相当額（significant amounts）」という表現が削除されている。この「相当額」という表現は重要なものである。なぜなら，第4号では，この「相当額の資源」を受けているか否かが，Nonbusiness Orgs. と他の非営利組織とを区別する規準となっているからである。さらに，第6号は，相当額の資源の寄付を受けない非営利組織も，Not-for-profit Orgs. としている[28]。したがって，第6号での Not-for-profit Orgs. は，第4号での Nonbusiness Orgs. とは概念的に異なる組織であるとみられる。

この Not-for-profit への変更の経緯を，第6号作成のための公開草案『非営利組織に FASB 諸概念報告書第2号および第3号を適用するための修正提

---

(28)「not-for-profit 組織は，一般的に，提供した資源に比例する返済または経済的便益のいずれをも受け取ることを期待しない寄付者から相当額の資源を受け取る。それらの寄付は多くの not-for-profit 組織にとっては資源の主たる源泉であるが，<u>他の not-for-profit 組織または大部分の営利企業にとっては重要ではない</u>」(No. 6, par. 12 下線は引用者)。

案』[29]および改訂公開草案『財務諸表の構成要素：FASB 諸概念報告書第 3 号の修正』[30]に遡って確認してみる。

　公開草案は，Nonbusiness を使用しているが，それを使用する理由について，「この用語は，もともと，政府とプライベートセクターの（nonbusiness）組織両方を含むために使用された。FASB が nonbusiness を選択する主な理由は，政府と非政府組織の両方を含む用語を見つけられなかったことである」[31]（（　）内は原文のまま）と述べるだけで，第 4 号が，サービス対価以外の寄付や補助金によって相当額の資源を獲得する非営利組織（概念的には政府を含む）を表すためにNonbusinessを使用したということは述べられていない。したがって，第 4 号の非営利組織の第 1 の特徴である「サービス対価以外によって相当額の資源を獲得する」という特徴は，公開草案には引き継がれていないと言える。

　さらに，公開草案は，政府を除く民間非営利組織に焦点を当てるとして，そのことを明確にするために Nonbusiness に代わる用語を募集し，改訂公開草案では，Not-for-profit が使用される[32]。そして，この Not-for-profit が第 6 号に引き継がれた。

　以上のことから，第 4 号における非営利組織は，サービス対価以外の寄付

---

(29) FASB, *Exposure Draft, Proposed Amendments to FASB Concepts Statements 2 and 3 to Apply Them to Nonbusiness Organizations*, FASB, July 1983.

(30) FASB, *Exposure Draft（Revised）, Elements of Financial Statements：an amendment of FASB Concepts Statement No. 3,* FASB, September 1985.

(31) FASB, *Exposure Draft, Proposed Amendments to FASB Concepts Statements 2 and 3 to Apply Them to Nonbusiness Organizations*, FASB, July 1983, p. iii.

(32) この公開草案に対して，アンソニーは，「『Nonbusiness 組織』に代わる新しい用語を問題とする必要はない。なぜなら，焦点は，実体の性質よりもむしろ取引の性質に当てられるべきだからである」とコメントしている。アンソニーは，取引の性質を重視しているので，たとえば，「非業務寄付」という特殊な取引に注目し，それを財務諸表構成要素とすること等を提案している（FASB, *Public Record, Exposure Draft, Proposed Amendments to FASB Concepts Statements 2 and 3 to Apply Them to Nonbusiness Organizations*, FASB, August 1987, pp. 194-201）。

や補助金によって相当額の資源を獲得する非営利組織（Bタイプ）（概念的には政府組織を含む）であったのに対して，第6号における非営利組織は，利益目的をもたない民間の非営利組織（AタイプとBタイプの両方）ということになる。第4号でのNonbusiness Orgs.と第6号でのNot-for-profit Orgs.を対比して示せば，以下の図のようになる。

SFAC第4号

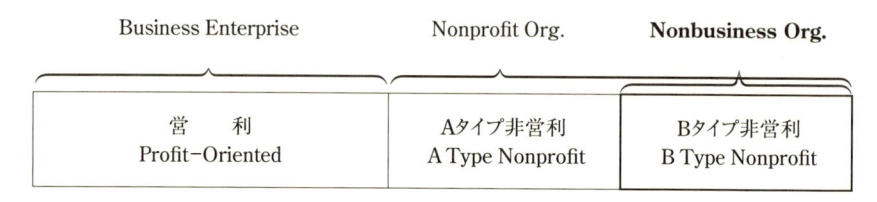

Business Enterprise	Nonprofit Org.	**Nonbusiness Org.**
営　利 Profit-Oriented	Aタイプ非営利 A Type Nonprofit	Bタイプ非営利 B Type Nonprofit

SFAC第6号

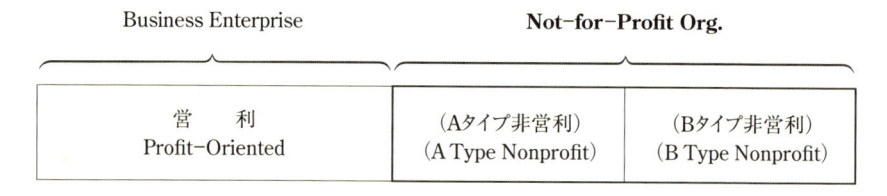

Business Enterprise	**Not-for-Profit Org.**	
営　利 Profit-Oriented	（Aタイプ非営利） （A Type Nonprofit）	（Bタイプ非営利） （B Type Nonprofit）

　第4号がNonbusinessを使用した理由を，第6号が受け継がずに，Not-for-profitへと変更したことは，FASBの概念フレームワークの問題点の1つであると言えよう。

第2項　第3号から第6号への変更点

　第3号は，営利企業の財務諸表の構成要素として，資産，負債，持分，所有主による投資，所有主への分配，包括的利益，収益，費用，利得，損失の合計10個の構成要素を定義していた。これに対して，第6号は，営利，非営利に共通する構成要素として，資産，負債，持分または純資産，収益，費用，利得，損失の7つを定義するとともに，営利企業の財務諸表に固有の構成要素と

第 3 節　統合的構成要素の形成　147

して，所有主による投資，所有主への分配，包括的利益の 3 つを定義している。したがって，第 6 号でも合計 10 個の構成要素を定義していることになる。さらに，第 6 号は，新たに，非営利組織の財務諸表に固有の純資産の 3 区分（非拘束，一時拘束，永久拘束）とその変動について，構成要素としてではないが定義を行っている。

　まず，第 3 号から第 6 号への改訂による変更点を確認しよう。

　第 3 号から第 6 号への変更には，営利・非営利両組織の財務諸表構成要素を統合的に定義するためになされた変更とそれ以外の変更とがある。それ以外の変更には，たとえば，すでに第 5 号が作成されていることから生じる変更等がある。ここでは営利・非営利両組織の財務諸表構成要素を統合的に定義するためになされた変更に焦点を当てる。なぜなら，そこに第 6 号の特徴が表れていると考えられるからである。

　第 3 号から第 6 号への変更として注目すべきは，どのような財務諸表構成要素が追加されたのかということと，営利・非営利に共通の構成要素とされた資産，負債，持分，収益，費用，利得，損失の 7 つの定義がどのように変更されたかということである。結論から言うと，第 6 号で新しく追加された財務諸表構成要素は 1 つもない。また，両組織に共通とされた構成要素の定義についても大きな変更はないと言えよう。なされた変更は，第 3 号の「持分」が，「持分または純資産」へと変更され，営利企業の場合は持分が，非営利組織の場合は純資産が適用されるとされたこと[33]，そして，その「持分」の定義から「営利企業においては，持分は所有主請求権である」（No. 3, par. 43）という一文が削除されたこと，および第 3 号の「収益」，「費用」，「利得」，「損失」の定義から，「一期間の」という表現が削除されたことである[34]。

　第 3 号から第 6 号への変更のうち，最も重要な変更は，非営利組織の純資産の 3 区分および 3 区分の変動の定義が新たに付け加えられたことである。

---

(33)　「持分」，「純資産」という用語は，互換可能であるとされている（No. 6, footnote 26）。

148　第5章　非営利会計概念フレームワーク

　以上の変更点をみると，次のような疑問が生じる。第1は，非営利組織の財務諸表構成要素として営利組織の財務諸表に共通する7つの構成要素だけを選択したことに対する疑問であり，第2は，その7要素の定義に関する疑問である。次項では，第6号で選択された財務諸表構成要素により提供される情報と，第4号で導出された提供すべき情報との関係を検討し，その選択における問題点を指摘する。

第3項　提供すべき情報と財務諸表構成要素

　最初に，第6号で選択された構成要素で構成される財務諸表がどのようなものであるかを確認しよう。非営利組織の財務諸表の構成要素とされたのは，資産，負債，純資産，収益，費用，利得，損失の7要素である。これらの構成要素は，2種類の財務報告書を構成する。すなわち，資産，負債，純資産の3要素から成るストック報告書と，収益，費用，利得，損失の4要素から成るフロー報告書である。他方，営利企業の財務諸表の構成要素とされたのは，共通の7要素の他に，所有主による投資，所有主への分配，包括的利益，を加えた10要素である。これらの構成要素も2種類の財務報告書を構成する。すなわち，資産，負債，持分の3要素から成るストック報告書と，所有主による投資，所有主への分配，包括的利益，収益，費用，利得，損失の7要素から成るフロー報告書である（No. 6, par. 20）。

　では，第6号で選択された構成要素からなるこのストック報告書とフロー報告書が，第4号で導かれた①「経済的資源，債務，純資源の情報」，②「業績情報」，③「流動性情報」，の3つの提供すべき情報のうち，どれとどの情報を

---

(34)　たとえば，第6号では，第3号の「収益は，財貨の引渡または生産，用役の提供，あるいは，実体の継続的で主要なまたは中心的な業務を構成するその他の活動からの，一期間の実体の資産の流入またはその他の増加もしくは負債の返済（または両者の組み合わせ）である」（No. 3, par. 63. 傍点は引用者）から，「一期間の」が削除されている。この変更は，営利・非営利両組織の財務諸表構成要素を統合的に定義するためになされた変更ではないと考えられる。

提供するものであるのかをみよう。

　第4号で導かれた3つの提供すべき情報のうち，ストック情報は，①「経済的資源，債務，純資源の情報」だけであり，この情報は，資産，負債，純資産を構成要素とするストック報告書によって提供される。残りの，②「業績情報」と③「流動性情報」はフロー情報である。この2つの情報は，収益，費用，利得，損失からなる「フロー報告書」によってどのように提供されるのだろうか。

　まず，②「業績情報」は，第2節第3項で述べたように，②-a「一会計期間の資源の流入および流出の金額と種類と関係についての情報」と②-b「サービス提供努力と成果についての情報」により提供される。さらに，②-aについては，純資源を変動させるフローと変動させないフローを区別すること，拘束されている資源のフローと拘束されていない資源のフローを区別すること，業務に関連する資源フローと関連しない資源フローを区別すること，の3つの区別が要求されている (No. 4, pars. 48-49)。また，②-bについては，サービス提供努力は費用により表され (No. 4, par. 52)，サービス提供成果は，収益や利益以外により測定されることが要求されている (No. 4, par. 51)。

　では，収益，費用，利得，損失からなる「フロー報告書」が，以上のような②「業績情報」を提供するか検討する。

　この「フロー報告書」は，純資源の流入と流出情報を提供するとみることができる[35]。そして，純資源の流入，流出それぞれについて，主たる業務から生じるか否かにより，収益と利得，費用と損失に区別している。

　したがって，この「フロー報告書」は，②-a「一会計期間の資源の流入および流出の金額と種類と関係についての情報」を提供することを意図しているように思われる。しかし，資源の流入流出のなかには，たとえば建物の購入や資金の借入などのように収益，費用，利得，損失のいずれにも該当しないもの

---

(35)　第6号は，非営利組織が所有主請求権をもたないことから，純資源を変動させる資源の流入を収益・利得，資源の流出を費用・損失に，等しいものとしている (No. 6, par. 111)。

があるので，収益，費用，利得，損失についての情報を提供するだけでは，資源の流入・流出についての情報を提供したことにはならないのである。

　もう一方の，②-b「サービス提供努力と成果についての情報」についてはどうであろうか。営利企業の場合であれば，②-bは，営利企業のフロー報告書の収益と費用により提供されると考えられる。しかし，非営利組織の場合は，「サービス提供努力と成果についての情報」における努力は，費用により表されるが，成果は，収益によっては表されない。したがって，②-bも，この「フロー報告書」では提供されない。

　では，③「流動性情報」はどうであろうか。③「流動性情報」は，「組織がどのように現金またはその他の流動資源を獲得し費消しているかについての情報，組織の借入および返済についての情報，および組織の流動性に影響を与えるであろうその他の要因についての情報」(No. 4, par. 54) である。この情報のうち，例えば，借入および返済についての情報等は，収益，費用，利得，損失からなる「フロー報告書」では提供されないので，③「流動性情報」も，この「フロー報告書」で充分提供されるとは言えない。

　このように，収益，費用，利得，損失からなる「フロー報告書」は，第4号で提供すべき情報として導き出された3つのフロー情報のどれ1つとして，完全には満たしていない。したがって，第6号における財務諸表構成要素の選択は，第4号で提供すべきとされた情報を提供するという観点から行われたとは思われない。これに対して，営利企業の場合のフロー報告書は，包括的利益とその内訳要素である収益・費用・利得・損失を表しており，第1号で導出された「利益とその内訳要素についての情報」という業績情報を完全に提供しているのである。このことから，第6号での構成要素の選択は，第1号で営利組織の財務報告で提供すべきとされた情報を提供するために選択されたものであっても，第4号で非営利組織の財務報告で提供すべきとされた情報を提供するには，不十分なものであると言えよう。本書の第2章および第3章でみたフリーマン委員会報告書では，非営利組織の収益を測定する必要性は主張されていなかった。非営利組織において収益を測定する必要性に関して，FASBの非営利

第3節　統合的構成要素の形成　151

　会計概念フレームワークがフリーマン委員会報告書とは異なる結論に達した理由は，第1号に基づき作成された第3号を第6号へ改訂する際に，非営利組織の財務報告の目的からの規定性が充分に継承されていなかったことの結果であるとみることができよう。

第4項　共通構成要素における問題

　第6号では，営利企業と非営利組織の財務諸表に共通する構成要素として資産，負債，持分または純資産，収益，費用，利得，損失をあげている。
　ここでは，これらのうち，とくに，資産，純資産，収益，利得，について検討する。

(1) 資産の定義

　資産は，「過去の取引または事象の結果として，特定の実体により獲得または支配されている，発生の可能性の高い将来の経済的便益である」(No. 6, par. 25) と定義される。これは第3号での定義と全く同一である。ここでの疑問は，非営利組織の資産を「将来の経済的便益」として定義することの妥当性である。
　第6号は，資産の本質的な特徴として，「資産は，単独でまたは他の資産と結びついて直接的または間接的に将来の正味キャッシュインフローに貢献する能力を有する発生の可能性の高い将来便益である」(No. 6, par. 26) とも述べている。営利企業においては，「ある資源から将来得られると予測されるキャッシュフロー〔中略〕の直接的な指標」(No. 1, par. 41) として，経済的資源（資産）についての情報を必要とする。したがって，将来の正味キャッシュフローに貢献する能力を有する将来の経済的便益が，資産の定義に妥当する。他方，非営利組織においても，将来のキャッシュインフローに対する情報ニーズはある。例えば，債権者は，営利企業の債権者と同様に将来のキャッシュインフローを予測する情報を必要とするだろう。
　しかしながら，非営利組織の経済的資源(資産)は，必ずしも将来のキャッシュインフローとは結びつかない。例えば，無償で財貨・サービスを提供する非営利組織の場合，その組織の資産は将来のキャッシュインフローには結びつかな

い。したがって，そのような組織にとっては，将来のキャッシュインフローに対する情報ニーズと資産の定義を結びつけることは不適当であり，そのような非営利組織の資産を「将来の経済的便益」と定義することには問題があると言えよう。

さらにまた，SFAC は，資産・負債視角をとり，財務諸表の構成要素の定義において，資産の定義を基礎として他の構成要素の定義を行っている。しかし，そもそも資産・負債視角は，利益観を表すものであるのだから，利益という構成要素が存在しない非営利組織の財務諸表の構成要素を定義する場合に，この資産・負債視角を使うことは問題であり，これとは全く異なる観点が必要となろう。

(2) 純資産の定義

第6号は，持分または純資産とは「負債を控除した後に残るある実体の資産に対する残余請求権である」(No. 6, par. 49) と定義する。この定義は，第3号の「持分」の定義から「営利企業の場合，持分は所有主請求権である」(No. 3, par. 43) という一文を削除したものである。第6号は，このように定義したうえで，「持分」と「純資産」という用語は互換可能であると述べる (No. 6, footnote 26)。しかし，第6号の第60パラグラフで，「営利企業においては，持分は所有主請求権である」(No. 6, par. 60) と述べ，第90パラグラフで，非営利組織の純資産は，「営利企業の持分とは対照的に，所有主請求権ではない」(No. 6, par. 90) と述べていることから，所有主請求権である持分と所有主請求権ではない純資産を互換可能とすることは矛盾するのではないか。この点は，酒井治郎教授が，すでに問題点として指摘されている[36]。

第6号は，「持分または純資産」を残余請求権と定義し，持分は，残余請求

---

(36) 酒井治郎「アメリカ FASB の『持分』概念をめぐる問題―非営利組織体の『純資産』概念に関連して―」『立命館経営学』第32巻第3号，1993年9月，8ページ。また，第6号における持分（純資産）の定義の問題点については，高山朋子「資本概念と複式簿記の計算構造」『東京経大学会誌』196号，1996年3月において詳しく検討されている。

権であり，かつ，所有主請求権であるのに対して，純資産は，残余請求権ではあるが所有主請求権ではないとする。この残余請求権とはどのようなものであろうか。第6号は，「持分は，常に純資産（資産－負債）に等しい。これが持分が残余請求権である理由である」(No. 6, par. 213)と述べ，また，「持分または純資産は，〔中略〕常に資産から負債を控除した後に残る金額である。これが純資産が残余請求権である理由である」(No. 6, par. 222)と述べている。したがって，残余請求権は，組織の清算に際して，資源の残余分配を得る権利を表しているのではなく，ただ，資産から負債を控除した残額という意味しかもたないのである[37]。このような残余請求権に基づく非営利組織の純資産および営利企業の持分の定義は，純資産，持分それぞれの本質を表しているとは言えないだろう。資産と負債の差額を純資産（持分）とすれば，貸借対照表の貸方項目のうち，負債でないものは純資産（持分）となることになる。これは，非営利会計に固有の問題ではないが，第6号の重要な問題点となろう。

　第6号は，さらに，非営利組織の純資産の3区分（永久拘束純資産，一時拘束純資産，非拘束純資産）と，それらの変動について定義している。これは，第4号で要求されている非営利組織の純資産に課された拘束についての情報 (No. 4, par. 46) と，拘束されている資源の流入と流出についての情報 (No. 4, par. 48) を提供するためのものである。純資産の3区分とその変動を定義したことは，第6号の評価すべき点である。さらに言えば，この3区分は，構成要素として扱われる必要があると思われる。しかし，それがなされなかったのは，第4号の非営利組織の財務報告の目的が，非営利組織の財務諸表構成要素の選択に充分には反映されていないことの表れとみることができよう。

(3)　収益および利得の定義

　第6号は，収益，利得，を次のように定義している。

---

(37)　仮に，この残余請求権が，組織の清算に際して，資源の残余分配を得る権利を表しているならば，第4号が対象とする非営利組織は，全て残余請求権をもたないことになり，純資産を残余請求権として定義することはできない。

収益とは,「財貨の引渡または生産,サービスの提供,あるいは,実体の継続的で主要なまたは中心的な業務を構成するその他の活動からの,〔一期間の〕実体の資産の流入またはその他の増加もしくは負債の返済（または両者の組み合わせ）」(No. 6, par. 78 引用文中の〔 〕内の挿入は第 3 号から削除された部分であり，引用者によるものである）である。

利得とは,「実体の副次的または付随的な取引および実体に影響を及ぼすその他のすべての取引その他の事象および環境要因から生じる〔一期間の〕持分（純資産）の増加であり，収益または所有主による投資によって生じる持分の増加を除いたもの」(No. 6, par. 82 引用文中の〔 〕内の挿入は第 3 号から削除された部分であり，引用者によるものである）である。

これらの定義の第 3 号から第 6 号への変更は,〔一期間の〕という表現が削除されたことである。

第 6 号は，収益，利得を営利・非営利両組織に共通する財務諸表構成要素とするが，非営利組織の「収益」は，本節第 3 項で述べたように，主たる業務から生じる純資源流入についての情報であり，サービス提供の成果を表すものではない。これに対して，営利企業の収益は，成果を表すものである。この両者を共に収益とすることは，利用者を誤解させるだけでなく，収益概念に関わる問題である。

また，第 6 号が，寄付も収益・利得に含めている点も疑問である。第 6 号は,「寄贈者の寄付は多くの非営利組織にとっては収益であるが，積極的にそれらを求めることなくただ偶然的にそれらを受領する非営利組織にとっては利得である」(No. 6, par. 113) としている。寄付は，公開草案[38]までは，構成要素の 1 つとされていたが，改訂公開草案[39]で収益・利得に含まれると変更され

---

(38) FASB [1983], *Exposure Draft, Proposed Amendments to FASB Concepts Statements 2 and 3 to Apply Them to Nonbusiness Organizations,* FASB, July 1983.

(39) FASB, *Exposure Draft（Revised）, Elements of Financial Statements : an amendment of FASB Concepts Statement No. 3,* FASB, September 1985.

た。この変更には，第4号での非営利概念の第1の特徴，サービス提供の対価以外の寄付等によって相当額の資源を獲得するという特徴が，公開草案に引き継がれなかったことが影響していると考えられる。第4号の Nonbusiness Orgs. にとっては，寄付等によって活動資金の相当額を獲得することが，その組織を他の非営利組織から区別する重要な要素となる。本節第1項で述べたように，この Nonbusiness Orgs. の特徴が公開草案には引き継がれなかったために，公開草案は，寄付を構成要素とはするものの，それが第4号での Nonbusiness Orgs. を規定するために重要なものであることを主張できないのである。その結果，寄付は独立の構成要素ではなく，収益・利得に含められたとみることができよう[40]。

　最後に，営利企業の利益の内訳要素ともなる収益，費用，利得，損失を非営利組織の純資源の流入・流出を表す構成要素とする理由をみる。営利企業の投資者・債権者にとって，利益とその内訳要素である収益，費用，利得，損失は業績情報を表す重要なものであるので，それらが財務諸表の構成要素として取り上げられるのは当然であろう。しかし，非営利組織に対する資源提供者にとっては異なる。第6号も，非営利組織への「資源提供者は，非営利組織の業績指標として，本来，利益に焦点を当てていない」(No. 6, par. 18) ことを認め，包括的利益については非営利組織の財務諸表の構成要素から除いている。では，なぜ，包括的利益の内訳要素ともなる収益，費用，利得，損失を非営利組織の財務諸表の構成要素としてあげるのだろうか。

　第6号は，その理由を次のように述べる。すなわち，非営利組織の資源提供者は，資源配分意思決定の焦点として利益の代わりに，「非営利組織が提供するサービスおよびサービスを提供し続ける非営利組織の能力に関心をもっている」ので，「一期間の資源の流入と流出の金額と種類ならびにそれらの関係に

---

(40) FASB が「寄付」を財務諸表構成要素としなかった経緯については，林兵磨「営利企業会計と非営利組織体会計の相違と類似化に関する検討」『経営情報学部論集』（浜松大学），第11巻第1号，1998年6月，118-120ページで詳しく説明されている。

ついての情報」と「サービス提供努力と，可能な範囲での，サービス提供の達成についての情報」を必要としている (No. 6, par. 19)。しかし，「一期間の資源の流入と流出の金額と種類ならびにその関係についての情報」は，すでに本節第3項でみたように，収益，費用，利得，損失だけでは十分に提供できない。また，「サービス提供努力と，可能な範囲での，サービス提供の達成についての情報」も，非営利組織のサービス提供の達成は，収益によっては測定されないので提供されない。非営利組織の場合は利益を計算する必要はないので，資源フローを表すフロー報告書の構成要素は，収益，費用，利得，損失とは異なるものでよいのである。

提供すべきフロー情報は，第4号で利用者ニーズから導き出された情報，すなわち，②「業績情報」である ②-a「一会計期間の資源の流入および流出の金額と種類と関係についての情報」と ②-b「サービス提供努力と成果についての情報」および ③「流動性情報」についての情報である。これらの情報と収益・費用・利得・損失との関係は本節第3項で述べたので，結論だけを述べる。すなわち，非営利組織のフロー報告書としては，全ての資源フローを表す報告書とサービス提供努力と成果を表す報告書が基本的財務諸表とされるべきであり，全ての資源フローを表す報告書の構成要素は，「純資源を変動させる資源フローか否か」，「拘束された資源のフローか否か」，「業務に関連する資源フローか否か」という3つの観点から，選択，定義され，他方，サービス提供努力と成果を表す報告書の構成要素は，「費用」と「収益以外の成果測定値」となると考えられる。

第4節　本章のまとめと私見

FASB が非営利会計についても概念フレームワークを必要と考えたことは高く評価すべき点であると思う。また，SFAC およびその作成過程で示された非営利会計諸概念は，われわれの非営利会計諸概念を考える上で貴重な示唆を与えてくれるものである。さらに，第4号が，非営利組織のサービス提供の効率

性，有効性に対する情報ニーズを特定したこと，第6号が，非営利組織の純資産を非拘束，一時拘束，永久拘束というように3区分し，それぞれの変動を区別して報告することを要求していることなど，その研究成果には学ぶところが多い。

しかしながら，営利・非営利，両会計に共通する統合的概念フレームワークの作成という方向については，吟味を必要とする問題が多い。まず，第4号が，統合的会計概念フレームワーク作成を提起した理由について吟味すれば，

(1) 非営利の概念規定において，アンソニー報告書が提起した「財務資源源泉アプローチ」を採用し，Ａタイプ組織（独立採算型非営利組織）を第1号『営利企業の財務報告の目的』の適用対象組織としたこと。この概念規定により，非営利組織の内のＡタイプ組織が，営利会計概念フレームワークの適用対象となり，非営利組織の範囲が縮小し，営利・非営利，両会計の概念フレームワーク統合への最初の一因となったと考えられる。

(2) 財務報告目的の特定において，営利企業の財務報告利用者の情報ニーズ「良好なキャッシュフローを生み出す企業の能力」と非営利組織の財務報告利用者の情報ニーズ「非営利組織によって提供されるサービス，そのサービスの提供の効率性および有効性ならびにそれらサービスを提供し続ける能力」との相違が，財務報告目的に反映されていないこと。情報ニーズが異なるにも関わらず，営利企業の財務報告目的「投資・与信意思決定に有用な情報を提供すること」を内包するような「資源配分意思決定に有用な情報を提供すること」を非営利組織の財務報告目的としたことも，営利・非営利，両会計の概念フレームワーク統合の原因の1つとなっていると考えられる。

(3) 情報ニーズの特定において，財務報告利用者各グループに共通する情報ニーズに焦点を当てていること。このために，支配・監視機関（および寄付者の一部）にとって重要な「政策準拠性または拘束準拠性」についての情報ニーズが対象外とされ，非営利会計に固有の要素の1つが失われた。

(4) 財務報告で提供すべき情報を，情報ニーズから直接導出せず，一度，財務報告目的を媒介する方法をとっていること。これにより，「提供されるサービス」に対する情報ニーズを満たすために必要な「サービスの内容」情報が，財務報告で提供すべき情報とされていない。
(5) 「サービス提供の効率性および有効性」に対する情報ニーズを満たすために不可欠な「サービス提供成果」情報を財務報告の主要情報として要求していない。GASB の会計概念フレームワークでは，この情報を主要情報として要求しており，「サービス提供成果」の測定と情報提供は，非営利会計の概念フレームワークを営利会計の概念フレームワークとは異なる構造へと導くような，非営利会計に固有の重要な要素であると考えられる。この情報を主要情報として要求しなかったことが，営利・非営利，両会計概念フレームワークの統合を提起するに至った最大の原因となっていると考えられる。
(6) 意思決定有用性アプローチにおいて重要な意味をもつ財務報告利用者の情報ニーズの相違を軽視したこと。その結果，「利益」の測定に焦点を当てる営利会計概念フレームワークと「利益」概念が存在しない非営利会計概念フレームワークを分離しなくてよいと結論している。

第4号が提起した営利・非営利，統合的会計概念フレームワーク作成の方針を受けて，第3号『営利企業の財務諸表の構成要素』を改訂して作成された第6号『財務諸表の構成要素』については，以下のような問題点が明らかとなった。
(1) 非営利概念において第4号と第6号の間に相違があること。第4号は，「財務資源源泉アプローチ」をとり，Bタイプ組織（寄付・補助金依存型）のみを適用対象非営利組織としたが，第6号は，「営利・非営利アプローチ」をとり，Aタイプ組織（独立採算型）とBタイプ組織の両方を非営利組織としている。
(2) 第3号から第6号への改訂にあたって，財務諸表構成要素を追加しなかったこと。第6号で示された構成要素から成るフロー報告書は，第1

号での提供すべき業績情報を提供するが，第4号での提供すべき業績情報については充分に提供しない。これは，第6号が非営利組織の財務報告目的を充分満たしていないことを示している。
(3) 非営利組織の資産を，将来のキャッシュインフローと結びつく「将来の経済的便益」により定義していること。非営利組織の資産は，必ずしも将来のキャッシュインフローをもたらすものではない。したがって，この資産の定義は不適切であろう。
(4) 非営利組織の純資産を，資産から負債を控除した残額という意味しかもたない残余請求権と定義したこと。この定義は，非営利組織の純資産の本質を表すものではない。
(5) 収益を営利・非営利に共通の財務諸表構成要素としたこと。営利企業の収益は成果を表すのに対して，非営利組織の収益は，サービス提供の成果を表すものではなく，純資源の源泉情報を表すものである。このように，異なる情報を提供する項目を共に「収益」とすることは，財務報告利用者を誤解させるものである。

このように第6号『財務諸表の構成要素』は，営利会計にとっては適合的なものであるが，非営利会計にとっては不十分なものとなっている。その原因は，第4号が，非営利会計に固有の諸要素を主要情報とすることができずに，営利会計概念フレームワークとの統合を表明したことにあると言えよう。第4号が，統合的会計概念フレームワーク作成の方針を表明するに至る過程を分析してみる。まず，第1段階として，第4号についてのまとめの(1)で述べたように，非営利概念規定に際して，「財務資源源泉アプローチ」を採用し，寄付・補助金依存型非営利組織のみを対象としたことによって，適用対象となる非営利組織の範囲が縮小することになったと同時に，非営利であるという特徴だけでは別個の概念フレームワークを設ける根拠とはならないこととなった。次に，第2段階として，(3)，(4)，(5)で述べたように，非営利会計に固有の諸要素を主要情報とできていないことによって，第4号が対象とする「寄付・補助金依存型非営利組織」の非営利という特徴から生じる規定性が失われ

た。そして，第3段階として，「寄付・補助金依存型非営利組織」の寄付・補助金依存型という特徴から生じる固有の要素，すなわち，寄付・補助金の使用に関して付されている拘束情報，のみが強調され，この拘束情報だけを追加すれば，営利・非営利，両会計の概念フレームワークを統合してよいと結論したとみることができる。実際に，この第4号での統合の方針をうけて作成された第6号では，非営利会計に固有の部分として新たに追加されたのは，拘束情報のみであった。

以上のことから，FASBの統合的会計概念フレームワークが，非営利会計の概念フレームワークとしては不十分なものとなった原因は，第4号が「財務資源源泉アプローチ」による非営利概念規定を採用しつつ，非営利会計に固有の諸要素を主要情報とできないまま，営利会計概念フレームワークへ非営利会計概念フレームワークを統合すると表明したことにあると言えよう。

補論

非営利会計概念の会計基準への展開
― FASB 会計基準第 117 号『非営利組織の財務諸表』―

　FASB の会計概念フレームワークは，FASB が定める会計基準 FAS（Financial Accounting Standards）の理論的基礎とされている。ここでは，非営利組織の会計基準のなかで最も基本的なものである FAS 第 117 号[(1)]をとりあげ，SFAC 第 4 号，第 6 号が，これを如何に理論的に規定しているかを検討する。

第 1 節　FAS 第 117 号公表に至るまでの経緯

　FAS 第117号公表に至るまでの経緯は次の通りである（No. 117, pars. 34-36）。1986 年 4 月に AICPA は FASB の要請に応えて非営利組織専門委員会を組織し，1988 年 12 月に専門委員会報告書『非営利組織の財務諸表における表示』を FASB に提出した。この専門委員会報告書は FASB の SFAC を理論的基礎として，財務情報を表示する際の論点の提示を目的としたものである。FASB は 1989 年 8 月に Invitation to Comment『非営利組織の財務報告：財務諸表の形式と内容』[(2)]を公表し，1992 年 10 月の公開草案[(3)]を経て，FAS 第 117 号が公

（1）　非営利組織を対象とした FASB 会計基準としては，FAS 第 117 号のほかに，FAS 第 93 号『非営利組織の減価償却の認識』，FAS 第 99 号『非営利組織の減価償却の認識の発効日延期』，FAS 第 124 号『非営利組織によって保有されている一定の投資の会計処理』等がある。また，FAS 第 116 号『寄付の会計処理』のように，営利企業と非営利組織の両方を対象とする FAS もある。

表される。
　以上の経緯を年表で示すと以下のようになる。

1986 年　4 月　　FASB の要請に応えて AICPA が非営利組織専門委員会を組織
1988 年 12 月　　AICPA 非営利組織専門委員会報告書『非営利組織の財務諸表における表示』を FASB に提出
1989 年　8 月　　FASB Invitation to Comment『非営利組織の財務報告：財務諸表の形式と内容』
1992 年 10 月　　公開草案『非営利組織の財務諸表』
1993 年　6 月　　FAS 第 117 号『非営利組織の財務諸表』

　次に，FAS 第 117 号の主な内容を確認する。

第 2 節　FAS 第 117 号の主な内容

　1993 年 6 月に公表された第 117 号は，全ての民間非営利組織に適用される。この第 117 号は，非営利組織の財務諸表として「財政状態報告書」(Statement of Financial Position)，「活動報告書」(Statement of Activities)，「キャッシュフロー報告書」(Statement of Cash Flows) の 3 つを要求する (No. 117, par. 6)。それぞれの報告書の具体例は以下の表 3，4，5 に紹介した通りである。
　表 3 の「財政状態報告書」は，企業会計における貸借対照表に相当し，非営利組織の資産・負債・純資産を示す。営利企業の貸借対照表と異なる点は，純資産を非拘束純資産・一時拘束純資産・永久拘束純資産の 3 つに区別する点である。

（2）　FASB, *Invitation to Comment, Financial Reporting by Not-for-Profit Organizations : Form and Content of Financial Statements,* FASB, August 1989.

（3）　FASB, *Exposure Draft, Proposed Statement of Financial Accounting Standards, Financial Statements of Not-for-Profit Organizations,* FASB, October 1992.

表4の「活動報告書」は，企業会計における損益計算書に類似し，純資産の変動を，収益・費用・利得・損失の4つに区別して示す。企業の損益計算書と異なる点は，純資産の変動を，非拘束純資産の変動・一時拘束純資産の変動・永久拘束純資産の変動の3つに区別する点である。

表5「キャッシュフロー報告書」は，組織の現金および現金同等物の変動を，業務活動・投資活動・財務活動の3つに分けて報告することを要求する。この「キャッシュフロー報告書」は，営利企業のキャッシュフロー報告書と基本的に同じである。

これら3つの財務諸表は，全て，組織全体としての財務諸表であり，個々の基金ごとの財務諸表については，第117号は，「基金グループごとの総合していない情報を提供することを妨げない」(No. 117, footnote 5) として，その報告を禁止はしないが，要求もしないとしている。

表3 財政状態報告書 (Statement of Financial Position)

財政状態報告書
19X1年6月30日および19X0年6月30日

(単位：千ドル)

	19X1年度	19X0年度
資　産：		
現金および現金同等物	$　　　75	$　　460
受取勘定および未収利息	2,130	1,670
棚卸資産および前払費用	610	1,000
未収寄付金	3,025	2,700
短期投資	1,400	1,000
土地，建物および設備に投資するために拘束された資産	5,210	4,560
土地，建物および設備	61,700	63,590
長期投資	218,070	203,500
資産合計	$ 292,220	$ 278,480
負債および純資産：		
支払勘定	$　2,570	$　1,050
前受金	—	650
未払補助金	875	1,300
支払手形	—	1,140
年金債務	1,685	1,700
長期負債	5,500	6,500
負債合計	10,630	12,340
純資産：		
非拘束 (Unrestricted)	115,228	103,670
一時拘束 (Temporarily restricted)	24,342	25,470
永久拘束 (Permanently restricted)	142,020	137,000
純資産合計	281,590	266,140
負債および純資産合計	$ 292,220	$ 278,480

(出所：No. 117, par. 156)

表 4 活動報告書（Statement of Activities）

活動報告書（形式 B）
年度末 19X1 年 6 月 30 日

（単位：千ドル）

	非拘束	一時拘束	永久拘束	合計
収益，利得，およびその他の補助：				
寄付	$ 8,640	$ 8,110	$ 280	$ 17,030
料金	5,400			5,400
長期投資利益	5,600	2,580	120	8,300
その他の投資利益	850			850
長期投資についての実現純利得				
および未実現純利得	8,228	2,952	4,620	15,800
その他	150			150
拘束から解放された純資産：				
プログラム拘束の達成	11,990	(11,990)		
設備取得拘束の達成	1,500	(1,500)		
時間拘束の解消	1,250	(1,250)		
収益，利得およびその他の補助合計	43,608	(1,098)	5,020	47,530
費用および損失：				
事業プログラム A	13,100			13,100
事業プログラム B	8,540			8,540
事業プログラム C	5,760			5,760
管理および一般	2,420			2,420
資金調達	2,150			2,150
費用合計	31,970			31,970
火災損失	80			80
年金債務の保険統計上の損失		30		30
費用および損失合計	32,050	30		32,080
純資産の変動	**11,558**	**(1,128)**	**5,020**	**15,450**
期首純資産	103,670	25,470	137,000	266,140
期末純資産	$ 115,228	$ 24,342	$ 142,020	$ 281,590

（　）内の金額はマイナスを表す
（出所：No. 117, pars. 157–159）

表5 キャッシュフロー報告書（Statement of Cash Flows）

キャッシュフロー報告書（直接法）
年度末 19X1 年 6 月 30 日

（単位：千ドル）

業務活動からのキャッシュフロー：	
サービス受益者からの現金受取額	$　5,220
寄付者からの現金受取額	8,030
未収寄付金受取額	2,615
受取利息および配当	8,570
雑収入	150
支払利息	(382)
従業員および仕入先への現金支払	(23,808)
支払寄贈額	(425)
業務活動に使用された純現金	**(30)**
投資活動からのキャッシュフロー：	
建物火災損失保険金収入	250
設備の購入	(1,500)
投資売却収入	76,100
投資購入額	(74,900)
投資活動に使用された純現金	**(50)**
財務活動からのキャッシュフロー：	
拘束された寄付からの収入：	
基本財産投資	200
期間基本財産投資	70
工場投資	1,210
年金協定に従った投資	200
	1,680
その他の財務活動：	
再投資に使途が拘束されている利子および配当	300
年金債務支払	(145)
支払手形の支払	(1,140)
長期負債の支払	(1,000)
	(1,985)
財務活動に使用された純現金	**(305)**
現金および現金同等物の純減少	**(385)**

期首現金および現金同等物		460
期末現金および現金同等物	$	75
業務活動に使用された純現金と純資産の変動の調整：		
純資産の変動	$	15,450
純資産の変動を業務活動に使用された純現金へ調整するための修正：		
減価償却費		3,200
火災損失		80
年金債務についての保険数理上の損失		30
受取勘定および受取利息の増加		(460)
棚卸資産および前払費用の減少		390
未収寄付の増加		(325)
支払勘定の増加		1,520
前受金の減少		(650)
未払寄贈の減少		(425)
長期投資に拘束された寄付		(2,740)
長期投資に拘束された受取利息および配当		(300)
長期投資からの実現純利得および未実現純利得		(15,800)
業務活動に使用された純現金	$	(30)
非現金投資活動および財務活動に関する補助データ：		
設備の寄贈	$	140
払込済生命保険，解約払戻金の贈与		80

（　）内の金額はマイナスを表す
（出所：No. 117, par. 160）

　前述のように，FAS 第 117 号の特徴は，SFAC を基礎として作成されていることである。そこで，次節で，FASB の非営利会計概念フレームワークを構成する SFAC 第 4 号と第 6 号からの影響を確認する。

第 3 節　SFAC 第 4 号と第 6 号からの影響

第 1 項　適用対象とする非営利組織

　FAS 第 117 号は，適用対象とする組織を Not-for-Profit Organizations と呼んで，その特徴を，SFAC 第 4 号の第 6 パラグラフから引用し，以下のように

示している (No. 117, par. 168)。

　a. 相応のまたは比例した金銭による見返りを期待しない資源提供者から，資源額の相当な割合 (significant amounts of resources) の寄付があること。
　b. 利益を得るために財貨・サービスを提供すること以外の業務目的があること。
　c. 営利企業の所有主持分権と同様の所有主持分権がないこと。
　非営利組織はこのような特徴を様々な程度で有している。

　この特徴をみると，aで，「資源の額の相当な割合の寄付」があるという特徴をあげていることから，適用対象とする組織について，第4号を受け継いでいるようにみえる。しかしながら，第117号は，「非営利組織はこの様な特徴を様々な程度で有している」と述べ，第117号が適用対象としない組織の例として，企業のほかに，参加者に経済的便益を提供する相互保険会社，信用組合，農業協同組合をあげるのみで，特に，独立採算型の非営利組織を除外するとはしていない。さらに，「本ステートメントは，現在，全ての非営利組織に適用される財務諸表における一定の基礎的情報を報告するための諸基準を確立するものである」(No. 117, par. 3) と述べていることから，第117号は，第6号を受け継いで，独立採算型の非営利組織を含む全ての民間非営利組織を対象としていると考えられる。

第2項　財政状態報告書

　次に，財政状態報告書が，第4号，第6号から受けた影響をみる。
　FAS第117号は，「財政状態報告書」において，資産・負債・純資産を報告し (No. 117, par. 9)，さらに，純資産は，非拘束純資産・一時拘束純資産・永久拘束純資産の3つに区別することを要求している (No. 117, par. 13)。「非拘束純資産」とは，拘束が付されていない寄付やサービス提供による収益から生じる純資産であり，「一時拘束純資産」とは，時間的拘束 (何年何月以降に使用せよというよう

な拘束)，または，特定目的使用拘束（災害救助活動のために使用せよというような拘束）を付されている寄付から生じる純資産である。「永久拘束純資産」とは時間の経過または組織の行動によって消滅しないような拘束（例えば，基本財産として維持せよという拘束）を付された寄付から生じる純資産である (No. 117, pars. 14-16)。

第117号が，このような財政状態報告書を示しているのは，SFAC第6号が，財政状態の報告書の構成要素を，資産・負債・純資産とし，さらに，非営利組織については，純資産を，非拘束純資産・一時拘束純資産・永久拘束純資産の3つに区別するとしていることに基づいている。さらに第4号に遡ると，「経済的資源・債務・純資源についての情報」と「資源に付されている拘束についての情報」を求めていることが理論的根拠となっている。第4号がこれら2つの情報を求めるのは，非営利組織のサービス提供持続力と組織の存続可能性を評価するのに役立つ情報だからである。営利企業の場合は，組織が獲得する資源は，ほとんどが売上収益であり，拘束は付されていない。しかし，非営利組織が受ける寄付には拘束が付されている場合が多く，その拘束は，組織の支払い能力に重要な影響を与える。したがって，拘束についての情報が重要になる[4]。

第3項 活動報告書

第117号は，純資産の変動を表す活動報告書のなかで，(イ)「純資産の変動を収益・費用・利得・損失の4つに区別するとともに，その変動を非拘束純資産の変動・一時拘束純資産の変動・永久拘束純資産の変動の3つに分けて示すこと」を要求する (No. 117, par. 19)。さらに，(ロ)「事業プログラム区分ごとの費用と主要な補助活動の費用を示すこと」を要求する (No. 117, pars. 26-27)。

第117号が，(イ)を要求するのは，SFAC第6号が，財政状態の変動報告

---

(4) 例えば，ある目的に使用することが拘束されている寄付金を受け取ったが，その寄付金がまだその目的に使用されておらず，現金のまま期末に残っていた場合，その現金は，他の現金とは区別して示されなければならない (FAS 117, par. 156)。

書の構成要素を，収益・費用・利得・損失とし，さらに，非営利組織については，純資産の変動を，非拘束純資産の変動・一時拘束純資産の変動・永久拘束純資産の変動に区別するとしていることを根拠としている。

さらに，SFAC 第 4 号に遡ると，第 4 号は，「資源の変動」について，①「純資源を変動させる資源フローと純資源を変動させない資源フローを区別」すること，②「拘束が付されている資源のフロー情報を提供」すること，③「業務に関連する資源フローと関連しない資源フローを区別」すること，の 3 つを要求している。第 117 号は，第 4 号のこの①，②，③，を理論的根拠として，活動報告書で純資産の変動を報告し，その純資産の変動を，非拘束純資産・一時拘束純資産・永久拘束純資産の 3 つに区別し，さらに，収益と利得とを区別し，費用と損失とを区別している。

また，第 117 号が（ロ）を要求するのは，第 4 号で求められている「業績情報」である「サービス提供努力と成果についての情報」のうちの「サービス提供努力についての情報」を提供するためである。他方の「サービス提供の成果についての情報」に関しては，第 4 号は「サービス提供の成果の測定方法は未開発である」ため，「その測定方法が開発されるまでは，管理者の説明によって，または財務報告以外の方法によって提供される」(No. 4, par. 53) と述べている。これを受けて，第 117 号も，理論上はサービス成果についての情報を提供すべきであるとしているが，「サービス成果は一般に貨幣単位で測定されないので，財務諸表では報告されない」(No. 117, par. 54) として要求しない。その結果，第 4 号が求める「非営利組織のサービスの効率性と有効性についての情報」(No. 4, par. 30) は提供されないことになる。なぜなら，効率性を判断するには，費用と成果を比較しなければならず，また，有効性を判断するにも成果情報は不可欠だからである。この情報ニーズを満たすためには，成果情報を報告する報告書も財務諸表として提供されることが必要であろう。成果情報は，営利企業の場合は，収益によって提供されるが，非営利組織の場合は，寄付や補助金が収益の大部分を占める場合が多いため，収益はその非営利組織の成果を表すものとはならない。非営利組織の資源提供者の資源配分意思決定に有用な情報を提

供するという財務報告の基本目的を達成するためには，より目的適合的で信頼性のある成果測定技術を開発することが重要な課題となる。

第4項 キャッシュフロー報告書

FAS 第117号は，FAS 第95号『キャッシュフロー報告書』を非営利組織へも適用するように修正している。この修正により，営利企業が作成しているキャッシュフロー報告書と同様に，「現金および現金同等物の変動」を，業務活動・投資活動・財務活動の3つに区別して報告することが要求される。このキャッシュフロー報告書は，財務諸表の構成要素を定義する第6号ではとりあげられていない。第117号がキャッシュフロー報告書を基本財務諸表とする根拠は第4号が「流動性」情報の提供を求めているところにある。この流動性情報は，「組織がどのように現金またはその他の流動資源を獲得し使用しているかについての情報，組織の借入および返済についての情報，および組織の流動性に影響を与えるその他の要因についての情報」(No. 4, par. 54) である。この「流動性情報の要求」に従い，第117号はキャッシュフロー報告書を要求している。

第4節　まとめと私見

以上，FAS 第117号の基本的構成とその構成に SFAC 第4号と第6号が与えた影響をみてきた。その結果は，次のようにまとめることができる。
(1) 第117号は，全ての民間非営利組織を適用対象組織としている。これは，第6号の適用対象組織を受け継いだものである。
(2) 第117号は，「財政状態報告書」で資産・負債・純資産を示し，純資産を非拘束純資産・一時拘束純資産・永久拘束純資産に区別している。それは，第4号が「経済的資源・債務・純資源についての情報」と「資源に付されている拘束についての情報」を求め，それに応えて，第6号が，財政状態の報告書の構成要素を資産・負債・純資産とし，純資産を非拘束・一時拘束・永久拘束の3つに区別するとしていることを根拠と

している。

(3) 第117号は,「活動報告書」で純資産の変動を収益・費用・利得・損失に区別するとともに,その変動を非拘束純資産の変動・一時拘束純資産の変動・永久拘束純資産の変動に区別している。それは,第4号が「資源の変動情報」と「業績情報」を求め,それに応えて,第6号が,財政状態の変動の報告書の構成要素を収益・費用・利得・損失とし,純資産の変動を非拘束純資産の変動・一時拘束純資産の変動・永久拘束純資産の変動に区別するとしていることに基づいている。ただし,非営利組織の業績を評価するには,サービス提供成果の測定が不可欠であるので,その測定技術の開発が残された重要な課題である。

(4) 第6号はキャッシュフロー報告書をとりあげていない。それにも関わらず,第117号がキャッシュフロー報告書を財務諸表の1つとして設定しているのは,第4号が流動性情報の提供を要求していることに由来している。

以上見たように,概念フレームワークに基づき会計基準を作成するというFASBの方針は,FAS第117号には見て取れた。第4号と第6号を基礎として,その規定を受けた結果,FAS第117号は,第4号,第6号が抱えている問題点,例えば,第4号で情報ニーズとして特定された「サービスの内容」と「サービス提供の効率性,有効性」に対する情報ニーズを満たすための情報が要求されていないというような問題点をも引き継ぐものとなっているのである。

む　す　び

(1)　本書では，FASBの非営利会計概念フレームワークについて，その成立過程を方法論的基礎に注目しながら年代的にたどり検討した。最初に，FASBの会計概念フレームワーク全体を通しての方法論である意思決定有用性アプローチとそのアプローチから新たに提起された資産・負債視角を検討し，つづいて，意思決定有用性アプローチに基づく非営利会計研究の展開過程をたどり，その上で，FASBの非営利会計概念フレームワークの検討を行った。（補論では，FASBの会計基準が概念フレームワークを理論的基礎として作成されていることを確認した）。

(2)　FASBの非営利会計概念フレームワークは，各種の非営利組織に共通する会計概念フレームワークであり，それは，わが国の非営利会計を考えるうえで多くの示唆を与えてくれるものである。しかし，本書での検討の結果，FASBの非営利会計概念フレームワークは，非営利会計に固有の諸要素を主要情報として要求せずに営利会計概念フレームワークと統合されており，非営利会計にとっての概念フレームワークとしては不十分なものとなっていることが明らかとなった。

(3)　第5章で述べたように，営利・非営利統合的会計概念フレームワーク作成の方針に従って第3号『営利企業の財務諸表の構成要素』を改訂して作成された第6号『財務諸表の構成要素』は，①非営利組織の財務諸表構成要素を1つも追加しなかったために非営利組織の業績情報を提供するものとなっていないこと，②非営利組織の資産を将来のキャッシュフローと結びつく「将来の経済的便益」により定義していること，③非営利組織の純資産を資産から負債を控除した残額という意味しかもたない残余請求権と定義していること，④収益を営利・非営利共通の財務諸表構成要素としていること，という諸点で，非営利会計にとっては不十

分なものとなっている。

(4) 第6号が，非営利会計にとっては不十分なものとなった原因は，第4号『非営利組織の財務報告の諸目的』が，非営利会計に固有の諸要素を主要情報として要求せずに，営利会計概念フレームワークとの統合を表明したことにあると指摘した。

第4号が，統合方針を表明するに至った原因については，以下のように分析した。まず，第1段階として，非営利概念規定に際してアンソニー報告書で提起された「財務資源源泉アプローチ」を採用したことにより，非営利組織であるAタイプ組織（独立採算型）が営利会計概念フレームワークの適用対象とされ，第4号が対象とする非営利組織の範囲がBタイプ組織（寄付・補助金依存型）に縮小された。次に第2段階として，第4号は，非営利会計に固有の要素である，①「政策準拠性または拘束準拠性」に対する情報ニーズを特殊なニーズであるとして除外し，②「サービス内容」情報を主要情報として要求せず，③「サービス提供成果」情報をもその測定技術が未開発であるという理由から主要情報としなかった。その結果，第4号が対象とするBタイプ組織の非営利という特徴から生じる主要な規定性が失われた。そして最後に，第3段階として，Bタイプ組織の「寄付・補助金依存型」という特徴から生じる寄付・補助金の使用に付されている拘束情報だけを追加すれば，営利・非営利，両会計の概念フレームワークを統合できると結論したとみることができる。

このような第4号の方針に従って作成された第6号は，非営利会計に固有の部分として，新たに拘束情報しか追加できず，非営利組織の財務諸表構成要素の規定としては不十分なものとなったのである。

(5) FASBの会計基準FAS第117号は，補論でみたように，FASBの非営利会計概念フレームワークと同様の問題点を有している。FAS第117号で要求されている非営利組織の財務諸表は，非営利組織が提供する「サービス」，「サービス提供の効率性，有効性」についての情報ニーズを満たすための「サービスの内容」，「サービス提供成果」情報を提供するもの

とはなっていなかった。

(6)　非営利会計概念フレームワークに残された重要な問題としては，非営利組織の財務報告利用者の「サービス提供の効率性と有効性」への情報ニーズを満たすために，如何に「サービス提供努力と成果」情報を提供するかという問題があげられよう。フリーマン委員会報告書，アンソニー報告書，SFAC 第 4 号と，一貫して「効率性と有効性（目標達成度）」に対する情報ニーズを認識していながら，そのニーズを満たす情報を主要情報とすることはできなかった。第 4 号では「サービス提供の効率性と有効性」に対する情報ニーズを特定していながら，「サービス提供成果」情報を主要情報として要求しなかったために，第 6 号『財務諸表の構成要素の定義』には反映されなかった。この「サービス提供成果」情報は，同様のサービスを提供する複数の非営利組織のなかで，どの組織を存続させ，どの組織を解散するかを判断するために欠くことのできない情報であろう。非営利組織の財務報告にとっては，GASB 概念ステートメント第 2 号が提示しているような「サービス提供努力と成果（SEA）」情報の提供が重要であると考えられる。

(7)　非営利会計概念フレームワークの今後の展開のためには，非営利組織の存在理由から生じる特殊性，すなわち，非営利組織は「一般に特殊な財貨・サービスの供給のために必要であると社会が判断したことによって存在する」（第一次フリーマン委員会報告書, p. 91）という特殊性，に着目した研究が重要であろう。営利企業は利益獲得が存在目的であり，その達成度を報告するために利益中心の業績情報が提供されている。非営利組織は，社会が必要とするサービスを提供することが組織の存在目的であり，その目的の達成度を報告するために，如何なる情報を提供すべきかを明らかにすることが必要であろう。今後の研究課題としたい。

主要参考文献

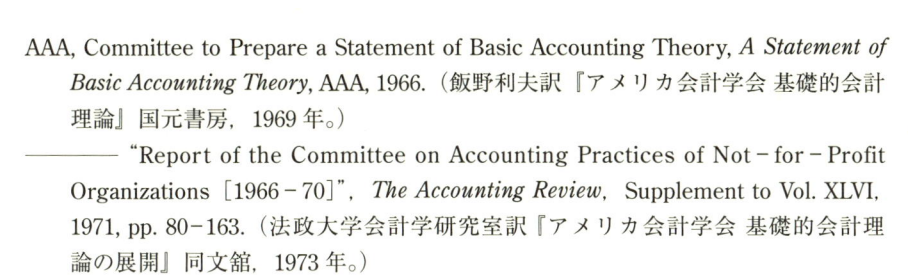

AAA, Committee to Prepare a Statement of Basic Accounting Theory, *A Statement of Basic Accounting Theory*, AAA, 1966.（飯野利夫訳『アメリカ会計学会 基礎的会計理論』国元書房，1969 年。）
─────"Report of the Committee on Accounting Practices of Not‐for‐Profit Organizations［1966-70］", *The Accounting Review*, Supplement to Vol. XLVI, 1971, pp. 80-163.（法政大学会計学研究室訳『アメリカ会計学会 基礎的会計理論の展開』同文舘，1973 年。）
─────"Report of the Committee on Concepts of Accounting Applicable to the Public Sector, 1970-71", *The Accounting Review*, Supplement to Vol. XLVII, 1972, pp. 77-108.
─────"Report of the Committee on Not-for-Profit Organizations, 1972-73", *The Accounting Review*, Supplement to Vol. XLIX, 1974, pp. 224-249.
─────"Report of the Committee on Nonprofit Organizations, 1973-74", *The Accounting Review*, Supplement to Vol. L, 1975, pp. 1-39.
───── Committee on Concepts and Standards for External Financial Reports, *Statement on Accounting Theory and Theory Acceptance*, 1977.（染谷恭次郎訳『会計理論及び理論承認』国元書房，1980 年。）
AICPA, "Accounting Terminology Bulletin No.1 ─ Review and Resume" in *Accounting Research and Terminology Bulletins*, Final Edition, AICPA, 1961.
───── Study Group on the Objectives of Financial Statements, *Objectives of Financial Statements*, AICPA, 1973.（川口順一訳『アメリカ公認会計士協会 財務諸表の目的』同文舘，1976 年。）
Anthony, R. N., *FASB Research Report, Financial Accounting in Nonbusiness Organizations : An Exploratory Study of Conceptual Issues*, FASB, May 1978.
FASB, *FASB Discussion Memorandum : Conceptual Framework for Accounting and Reporting : Consideration of the Report of the Study Group on the Objectives of Financial Statements*, FASB, June 6, 1974.
───── *Public Record : 1974-Volume VIII : Discussion Memorandum on Conceptual Framework for Accounting and Reporting : Consideration of the Report of the Study Group on the Objectives of Financial Statements-dated June 6*, 1974, FASB, November, 1974.

――― *Scope and Implications of the Conceptual Framework Project*, FASB, December 2, 1976.（森川八洲男監訳　小栗崇資・佐藤信彦・原陽一共訳『現代アメリカ会計の基礎概念― FASB 財務会計概念報告書―』白桃書房，1988 年。）

――― *Tentative Conclusions on Objectives of Financial Statements of Business Enterprises*, FASB, December 2, 1976.

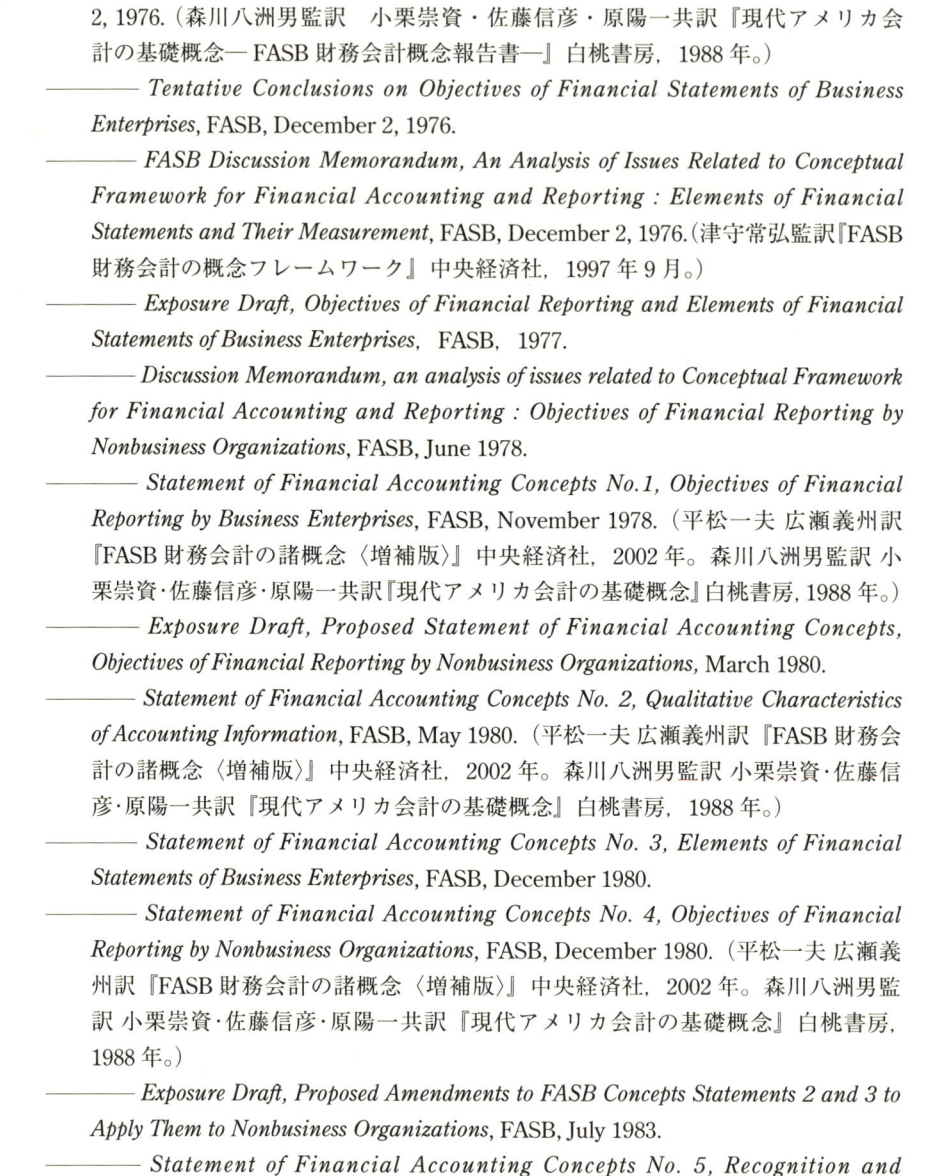

――― *FASB Discussion Memorandum, An Analysis of Issues Related to Conceptual Framework for Financial Accounting and Reporting : Elements of Financial Statements and Their Measurement*, FASB, December 2, 1976.（津守常弘監訳『FASB 財務会計の概念フレームワーク』中央経済社，1997 年 9 月。）

――― *Exposure Draft, Objectives of Financial Reporting and Elements of Financial Statements of Business Enterprises*, FASB, 1977.

――― *Discussion Memorandum, an analysis of issues related to Conceptual Framework for Financial Accounting and Reporting : Objectives of Financial Reporting by Nonbusiness Organizations*, FASB, June 1978.

――― *Statement of Financial Accounting Concepts No.1, Objectives of Financial Reporting by Business Enterprises*, FASB, November 1978.（平松一夫 広瀬義州訳『FASB 財務会計の諸概念〈増補版〉』中央経済社，2002 年。森川八洲男監訳 小栗崇資・佐藤信彦・原陽一共訳『現代アメリカ会計の基礎概念』白桃書房, 1988 年。）

――― *Exposure Draft, Proposed Statement of Financial Accounting Concepts, Objectives of Financial Reporting by Nonbusiness Organizations*, March 1980.

――― *Statement of Financial Accounting Concepts No. 2, Qualitative Characteristics of Accounting Information*, FASB, May 1980.（平松一夫 広瀬義州訳『FASB 財務会計の諸概念〈増補版〉』中央経済社，2002 年。森川八洲男監訳 小栗崇資・佐藤信彦・原陽一共訳『現代アメリカ会計の基礎概念』白桃書房，1988 年。）

――― *Statement of Financial Accounting Concepts No. 3, Elements of Financial Statements of Business Enterprises*, FASB, December 1980.

――― *Statement of Financial Accounting Concepts No. 4, Objectives of Financial Reporting by Nonbusiness Organizations*, FASB, December 1980.（平松一夫 広瀬義州訳『FASB 財務会計の諸概念〈増補版〉』中央経済社，2002 年。森川八洲男監訳 小栗崇資・佐藤信彦・原陽一共訳『現代アメリカ会計の基礎概念』白桃書房，1988 年。）

――― *Exposure Draft, Proposed Amendments to FASB Concepts Statements 2 and 3 to Apply Them to Nonbusiness Organizations*, FASB, July 1983.

――― *Statement of Financial Accounting Concepts No. 5, Recognition and Measurement in Financial Statements of Business Enterprises*, FASB, December

1984.（平松一夫 広瀬義州訳『FASB 財務会計の諸概念〈増補版〉』中央経済社, 2002 年。）

―――― *Exposure Draft（Revised）, Elements of Financial Statements : an amendment of FASB Concepts Statement No.3*, FASB, September 1985.

―――― *Statement of Financial Accounting Concepts No. 6, Elements of Financial Statements : a replacement of FASB Concepts Statement No. 3（incorporating an amendment of FASB Concepts Statement No. 2）*, FASB, December 1985.（平松一夫 広瀬義州訳『FASB 財務会計の諸概念〈増補版〉』中央経済社, 2002 年。）

―――― *Public Record, Exposure Draft, Proposed Amendments to FASB Concepts Statements 2 and 3 to Apply Them to Nonbusiness Organizations*, FASB, August 1987.

―――― *Statement of Financial Accounting Standards No. 93, Recognition of Depreciation by Not-for-Profit Organizations*, FASB, August 1987.

―――― *Invitation to Comment, Financial Reporting by Not-for-Profit Organizations : Form and Content of Financial Statements*, FASB, August 1989.

―――― *Exposure Draft, Proposed Statement of Financial Accounting Standards, Financial Statements of Not-for-Profit Organizations*, FASB, October 1992.

―――― *Statement of Financial Accounting Standards No. 116, Accounting for Contributions Received and Contributions Made*, FASB, June 1993.

―――― *Statement of Financial Accounting Standards No. 117, Financial Statements of Not-for-Profit Organizations*, FASB, June 1993.

―――― *Statement of Financial Accounting Standards No. 124, Accounting for Certain Investments Held by Not-for-Profit Organizations*, FASB, November 1995.

―――― *Statement of Financial Accounting Concepts No. 7, Using Cash Flow Information and Present Value in Accounting Measurements*, FASB, February 2000.（平松一夫 広瀬義州訳『FASB 財務会計の諸概念〈増補版〉』中央経済社, 2002 年。）

GASB, *Exposure Draft, Proposed Statement of Governmental Accounting Concepts, Objectives of Financial Reporting*, GASB, January 1986.

―――― *Exposure Draft（Revised）, Proposed Statement of Governmental Accounting Concepts, Objectives of Financial Reporting*, GASB, October 1986.

―――― *Concepts Statement No. 1 of the Governmental Accounting Standards Board, Objectives of Financial Reporting*, GASB, May 1987.（藤井秀樹監訳 山田康裕・佐野哲哉・宮本幸平・井上研司訳『GASB/FASAB 公会計の概念フレームワーク』中央経済社, 2003 年。）

―――― *Preliminary Views of the Governmental Accounting Standards Board, on*

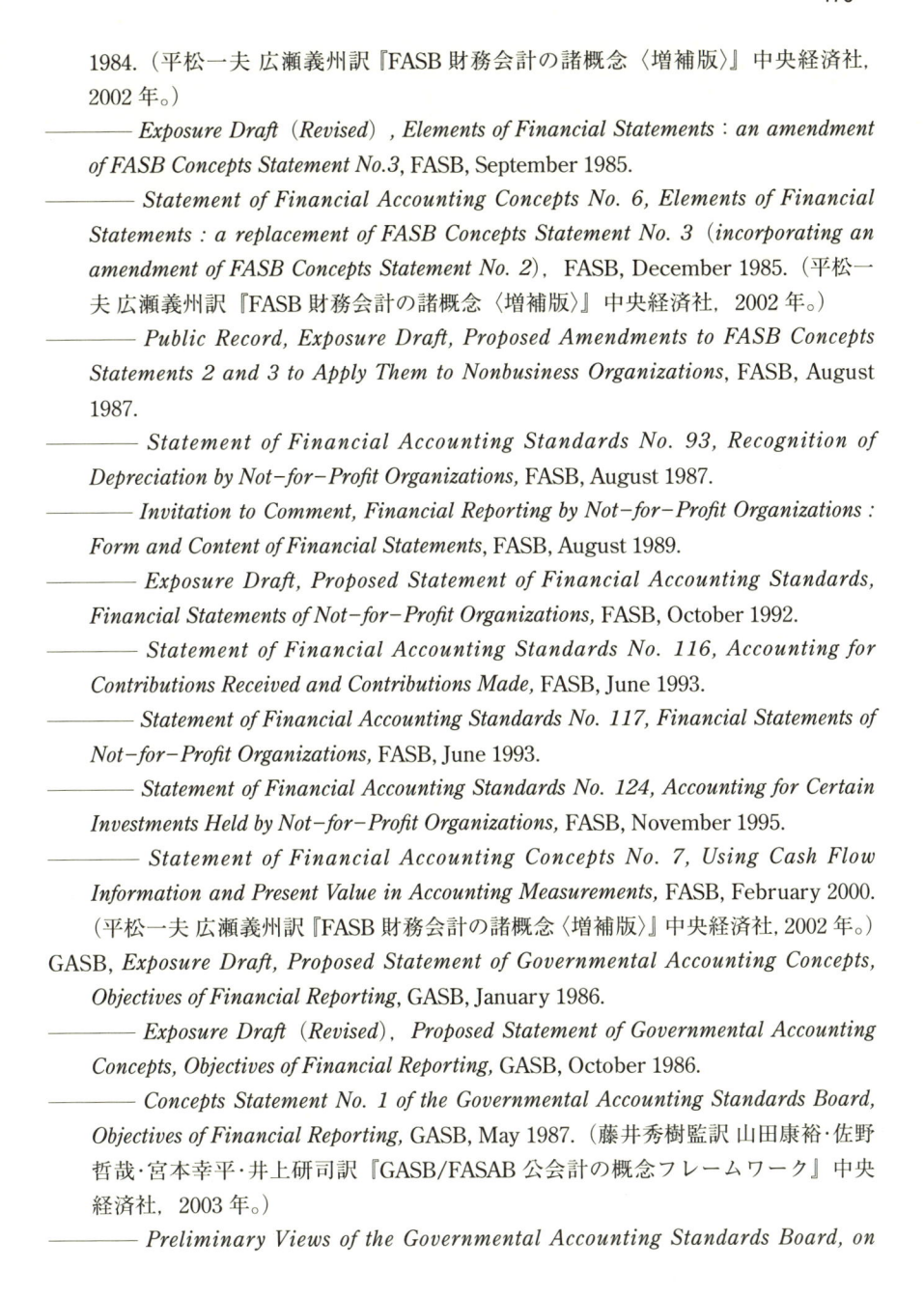

concepts related to Service Efforts and Accomplishments Reporting, GASB, December 1992.
―――― Exposure Draft, Proposed Statement of the Governmental Accounting Standards Board, on concepts related to Service Efforts and Accomplishments Reporting, GASB, September 1993.
―――― Concepts Statement No. 2 of the Governmental Accounting Standards Board, on concepts related to Service Efforts and Accomplishments Reporting, GASB, April 1994. (藤井秀樹監訳 山田康裕・佐野哲哉・宮本幸平・井上研司訳『GASB/FASAB 公会計の概念フレームワーク』中央経済社，2003年。)
Jones, David B., GASB Research Report, The Needs of Users of Governmental Financial Reports, GASB, October 1985.
Littleton, A. C., Structure of Accounting Theory, AAA, 1953. (大塚俊郎訳『会計理論の構造』東洋経済新報社，1955年。)
Miller, P. B. W. and Redding, R., The FASB The People, the Process, and the Politics, Second Edition, 1988. (高橋治彦訳『The FASB；財務会計基準審議会―その政治的メカニズム―』同文舘，1989年。)
NCGA, Governmental Accounting, Auditing, and Financial Reporting, Municipal Finance Officers Association.
Previts, G. and Merino, B., A History of Accounting in America, 1979. (大野功一他訳『プレヴィッツ＝メリノ アメリカ会計史』同文舘，1983年。)
會田一雄「非営利組織体会計の基本問題」『企業会計』第33巻 第7号，105-112ページ。
會田義雄「非営利組織体の財務諸表のあり方―公益法人会計基準の見直しに関連して」『企業会計』第36巻 第3号，4-13ページ。
石崎忠司・木下照嶽・堀井照重編著『政府・非営利企業会計』創成社，1995年。
岡部孝好『会計情報システム選択論〔増補〕』中央経済社，1993年。
大坪宏至「非営利組織体会計の基礎―会計実体としての非営利組織体概念について―」『経営論集』（東洋大学経営学部）第40号，1994年3月，37-64ページ。
木下照嶽「政府・非営利企業の会計研究（1）」『明星大学経済学研究紀要』第25巻 第1号，1993年12月，1-17ページ。
―――― 「政府・非営利企業の会計研究（2）」『明星大学経済学研究紀要』第25巻 第2号，1994年3月，1-12ページ。
酒井治郎「アメリカ FASB の『持分』概念をめぐる問題―非営利組織体の『純資産』概念に関連して―」『立命館経営学』第32巻第3号，1993年9月。
高山朋子「会計理論の再構築に向けて」『産業経理』Vol. 47, No. 2, 1987年。
―――― 「企業会計の計算構造と自己資本の意義」『東京経大学会誌』No. 173, 1991

年12月。
―――「資本概念と複式簿記の計算構造」『東京経大学会誌』196号，1996年3月。
田中章義「会計における目的論的思考の構造」『東京経済大学創立70周年記念論文集』1970年12月。
―――「近代会計学の目的論的性格―リトルトン理論の構造」『東京経大学会誌』73号，1971年11月。
―――「『公益的法人』の会計について―非営利会計研究序説―」『東京経大学会誌』第198号，1996年9月，61-82ページ。
武田安弘 橋本俊也「非営利組織体の財務報告の目的― FASB 財務会計概念報告書第4号を中心に―」『経営学研究』（愛知学院大学論集）第8巻第2号，1998年12月。
武田安弘 橋本俊也「アメリカにおける非営利組織体の財務諸表の特質― FASB 財務会計基準書第117号を中心に―」『経営学研究』（愛知学院大学論集）第9巻第1号，1999年7月。
津守常弘「FASB『基礎的概念構造プロジェクト』の到達点と問題点」『企業会計』Vol. 37, No. 11, 1985年。
―――「会計原則と利益概念―『包括的利益』概念と『稼得利益』概念に関連して―」『産業経理』Vol. 47, No. 4, 1988年1月。
―――「アメリカ会計原則設定史の歴史的教訓」『JICPA ジャーナル』No. 426, 1991年1月。
林兵磨「営利企業会計と非営利組織体会計の相違と類似化に関する検討」『経営情報学部論集』（浜松大学），第11巻第1号，1998年6月，115-138ページ。
広瀬義州『会計基準論』中央経済社，1995年。
藤井秀樹「会計原則設定史からみた FASB 概念フレームワークの諸特徴」『産業経理』，Vol. 53, No. 1, 1993年4月。
―――『現代企業会計論』森山書店，1997年。
―――「非営利組織体のコントロールと会計の役割」『組織科学』第32巻第1号，1998年9月，16-26ページ。
町田祥弘「発生主義と原価配分」『商学研究科紀要（早大）』No. 36, 1993年。
水口剛「非営利法人の会計指針構築のためのフレームワーク」『高崎経済大学論集』第41巻第1号，1998年9月，39-57ページ。
山形休司『FASB 財務会計基礎概念』同文舘，1986年。
山口稲生「アンソニーの非営利組織会計論に関する一考察」『西南学院大学商学論集』第37巻第3・4号，1991年2月，145-165ページ。
若林茂信『アメリカの非営利法人会計基準―日本の非営利法人会計への教訓―』高文堂出版社，1997年。

索　引

A～Z

ASOBAT……… *40*, *41*, **43**, **44**, *58*, *66*, *67*
Aタイプ………… **94**, **95**−*99*, *124*, *125*, *146*, *157*, *158*, *174*
Bタイプ………… **94**, **95**−*99*, *124*, *125*, *146*, *158*, *174*
FASB会計基準第117号
　…………… *161*, **162**, *163*, *164*−*174*
FASB概念フレームワーク …… *1*, **4**, **5**, *6*, *7*, **122**, **123**
FASB概念フレームワーク
　プロジェクト………………… *1*, **2**, *4*
GASB ……………………………… *134*
GASB会計概念
　フレームワーク……… **134**, **135**, *139*
GASB概念ステートメント
　第1号…………………… *134*−**136**
GASB概念ステートメント
　第2号………… *134*, *135*, **137**−*139*
GASBの概念フレームワーク
　プロジェクト ………… *134*, *135*
Littleton『会計理論の構造』……… *19*
Nonbusiness ……… *92*, *93*, *95*, *97*, **124**, *143*−*145*, **146**
Nonprofit ………… *45*, *73*, *74*, *92*−*97*, *124*, **146**
Not-For-Profit …… **45**−*47*, *73*, *74*, *92*, *143*−*146*, *167*
SEA ……………………………… *134*, **138**
SFAC ……… *1*, *2*, **3**−*6*, *7*−*12*, **13**−*14*, *15*−*18*, *22*−*37*, *39*, **122**, **123**
SFAC第1号
　……… *3*, *6*, **13**, *122*, *123*, *125*, *141*, *142*
SFAC第1号と第4号の
　類似点と相違点…………… *140*−*143*
SFAC第2号 ……… *3*, *6*, **14**, *122*, *123*
SFAC第3号 … *3*, **14**, *122*, *123*, *146*, *147*
SFAC第4号 …… *3*, *119*, **122**, **123**, *124*, **125**−**133**, *140*−*143*, *157*−*160*, *174*
SFAC第5号 ……… *3*, *6*, **14**, *122*, *123*
SFAC第6号 ………*3*, *6*, **14**, *33*, *34*, *119*, *122*, *123*, *143*, **146**, **147**, *148*−*151*, *158*, *159*, *173*
SFAC第7号 ……… *3*, **5**, **6**, *14*, *122*, *123*

あ行

アンソニー報告書… **87**−**90**, *120*, *121*, *124*, *128*−*130*
意思決定有用性アプローチ…… *12*, *14*, *18*, *22*, *23*, *30*, *60*, *113*, *114*, *116*, *118*, *142*
一時拘束純資産
　………………… *164*, *165*, **168**, **169**−*172*
永久拘束純資産
　………………… *164*, *165*, *168*, **169**−*172*
営利企業の財務諸表の構成要素…… *148*
営利組織との類似点と相違点…… *47*, *48*
営利・非営利アプローチ
　……………………… **94**−**96**, *123*, *158*
営利非営利単一概念説…………… *98*, *99*

か 行

会計情報の利用者……………… **75**, 77
活動報告書
………… 162, 163, **165**, **169**, **170**, 172
管理業績……………………………… 101
基金会計……………… **48**, **49**, 60, 129
基金別報告書………………… 114, 115
寄付・補助金依存型…… **158**−**160**, 174
キャッシュフロー報告書…… 162, 163,
166, **167**, **171**, 172
行政型活動………………… **64**−66
業績情報………… 131, 132, **142**, **143**,
148, **149**, **150**, 151, 159, 170, 175
業務報告書…… 103, **107**, **108**, 109−113
経済活動の本質………………………… 78
経済性，効率性，有効性…… 70, 71, **137**
原価計算……………………… 55−57
減価償却……………………… 51−55
効率性………… 126, 127, 132, 133, 136,
137, 139, 158, 170, 175

さ 行

サービスコスト報告書………………… 113
サービス提供成果……… 133, 134, **138**,
139, 140, 158, 170, 175
サービス提供努力………………… 138
サービス提供努力と成果…… 132−134,
137−**139**, 150, 170, 175
サービスのコスト………………… 101
財政状態報告書…… 162, **164**, **168**, **169**,
171, 172
財政的準拠性……………………… 101
財務資源源泉アプローチ…… **94**, **95**, 97,
98, 123−125, 157−160

財務諸表……………… 102, **103**, 117, 161,
162−**172**
財務諸表構成要素
………… 24−34, **148**, 149−158
財務的存続可能性……………………… 101
財務フロー報告書……………… **103**−107
財務報告……………………… **57**−60
財務報告の目的
………… 13, **126**, **127**−130, 157
財務報告の利用者…… **99**, **100**, 116, 136
事業型活動…………………………… 64
資源提供者……………………………… 126
資産の定義………………… 151, 152
資産・負債アプローチ…………… 7
資産・負債視角…… 1, **7**, 18, 23−**25**,
26−36, 152
実体………………………… 69, 70, 83
収益および利得の定義…… 153, 154
収益・費用視角…… 17, 18, 24, **25**, **26**,
27, 29, 31, 32, 34
純資産の3区分………………… 147, **153**
純資産の定義………………… 152, 153
情報ニーズ……… 76, 77, 99, **101**, 116,
125−128, **130**−**134**,
136, 140−142, 157, 158
情報利用者……………………… 22, **126**
総合報告書………………… 114, 115
測定可能性……………………………… 30

た 行

第一次フリーマン委員会
　報告書……… **39**−**41**, **42**, 43−**45**, 84
対応原則………………………………… 32
対応プロセス…………………… 25, 26
第三次フリーマン
　委員会報告書………… 40, **42**, **73**, 85

貸借対照表……………………… 103, 117
第二次フリーマン
　委員会報告書……… 40, **42**, **63**, **64**, 84
統一情報システム………………… 71, 72
統合的概念フレームワーク… 119-**122**,
　　　　　　　　123, 157-160, 173
トゥルーブラッド報告書……2, **14-16**,
　　　　　　　　17, 18, 90, 120
独立採算型
　………… **124**, 125, 157, 158, 168, 174

は　行

発生主義………………… 31-**33**, **34-36**,
　　　　　　　　51, 56, 61
非営利会計概念フレームワーク
　………………………… 119-121, **122**, **123**
非営利会計概念フレームワーク
　プロジェクト……………… 119-121
非営利概念… 123, **124**, 125, 143-145,
　　　　　　　　146, 159, 160, 174
非営利組織の財務諸表… 161, **162**-171
非営利組織の財務諸表の構成要素
　……………………… **148**, 149-156

非営利組織の財務報告………… 57-60
非営利組織の財務報告目的
　………………………… 126-128, **130**
非拘束純資産
　…………… 164, 165, **168**, 169-172
フリーマン委員会報告書
　………………… 39, **40-42**, 84, 85
便益の測定……………………… 82

ま　行

目標達成度情報………………… 101, 102

や　行

有効性…………… 126, 127, 132, 133,
　　　　　　　136, **137**, 139, 158, 170, 175
予算会計………… 48, **49**, **50**, 60, 61

ら　行

流動性情報…………………… **150**, 171

〔著者略歴〕

池 田 享 誉（いけだ ゆきたか）
青森公立大学経営経済学部准教授

1971年　静岡県生まれ
1996年　東京経済大学経済学部卒業
1998年　東京経済大学大学院経営学研究科修士課程修了
2002年　東京経済大学大学院経営学研究科博士後期課程満期退学
2002年　光星学院八戸短期大学経営情報学科専任講師
2004年　博士（経営学）（東京経済大学）
2005年　青森公立大学経営経済学部専任講師
2006年　青森公立大学経営経済学部助教授（2007年同准教授）現在に至る

〔他の著作〕

『簿記の技法』（共著，創成社，2006年）

非営利組織会計概念形成論
―FASB概念フレームワークを中心に―

2007年7月30日　初版第1刷発行

編者　Ⓒ　池田享誉（いけだ ゆきたか）

発行者　菅田直文

発行所　有限会社　森山書店　〒101-0054　東京都千代田区神田錦町1-10　林ビル
　　　　TEL 03-3293-7061　FAX 03-3293-7063　振替口座 00180-9-32919

落丁・乱丁本はお取りかえします　　印刷・製本／三美印刷

本書の内容の一部あるいは全部を無断で複写複製することは，著作権および出版社の権利の侵害となりますので，その場合は予め小社あて許諾を求めてください。

ISBN 978-4-8394-2050-5